시대를 이끈 창종자

시대를 이끈 창종자

위기와 난세의 시대, 이 땅에 종교를 만든 사람들,
그 생생한 민족종교의 흐름을 찾아서

| 김 천 지음 |

참글세상

1% 나눔의 기쁨

사람들은 무엇을 믿고 따를까? 그리고 그 믿음은 영원한 것일까?

인류 역사 이래 종교는 사람들의 영혼을 사로잡은 가장 매혹적이고 영향력 있는 신념체계였다. 때로는 인간을 가장 숭고한 존재로 이끌고, 때로는 무지와 야만으로 인도한 것도 종교였다. 대체 그 믿음이 무엇이길래 그토록 강한 힘을 가진 것일까?

지난 세기 우리 민족은 그 어느 때 보다 고통스런 경험을 하였다. 나라가 무너지고 모든 가치가 붕괴되며 거의 노예 수준으로 전락한 것이다. 그 어떤 것도 개인이거나 집단을 지켜줄 수 없었다. 강요된 언어와 체계를 따르며 굴종하는 수밖에 달리 선택이 없었던 것이다. 그때 민족의 위난을 보듬고 위로한 것이 있었다. 그것은 이 땅에서 새롭게 태어난 종교이다.

국가를 지탱하던 유교가 패망하고 불교는 맥이 끊겼고 기독교는 미미했다. 그 어디에도 구원이 없던 고난의 땅에 숨어있던 종교적 열망들이 튀어나오기 시작했다. 동학, 증산교, 원불교, 갱정유도 등 새로운 세상의 비전이 쏟아졌다. 기성종교의 각성도 뒤따랐다.

일제의 교활한 종교정책과 기성종교의 폄하 속에 사이비 혹은 이단으로 치부되었지만 그것은 편견에 불과하였다. 그 사회가 공유하는 윤리적 · 인도적 가치를 해치지 않는 한 어떤 신앙체계를 사이비라거나 이단으로 규정할 기준은 어디에도 없다. 다만 종교의 이름으로 악행을 저지르는 반사회적 종교는 분명히 존재한다. 하지만 앞서 말한 이 땅의 종교들은 그렇지 않다. 대부분의 선지자들은 그가 살았던 시대에는 이해받지 못했다. 이 땅의 종교를 만든 이들 또한 마찬가지로 그 명맥을 유지하기 어려웠다.

한국 창종의 종교를 이해하지 않고 한국 근현대사와 지성사, 그리고 인문학을 온전히 쓸 수 없다고 생각한다. 신도가 많다하여 고등한 가치를 주장하는 것도 아니며, 스러져간다하여 의미 없는 가르침을 편 종교 또한 아닐 것이다. 한국 창종 종교가 제시했던 개벽, 상생, 해원, 평화, 수도 등의 가치는 지금도 유효할뿐더러 종교 · 문학 · 문화의 전반에 생생히 살아있다.

한국 창종자들에 대해 쓴 이 글들은 종교적 관점이나 해석보다 역사 속에서 인간의 자각과 실천이 어떤 힘을 지니고 있을까를 탐구하는 관점에서 쓴 것이다. 대부분은 역사자료와 종교 경전을 토대로 전문학자, 종교인과 직접 인터뷰하여 기술하였다. 더러 잘못된 점이 있다고 하더라도 종교를 통해 삶의 빛과 그늘을 알고 싶은 한 개인의 시선이란 것을 이해해주었으면 좋겠다.

책을 내는 어려운 일을 기꺼이 맡아주신 참글세상 이규만 사장님, 윤호우 기자, 용기를 준 방태홍 형과 대정 스님께 마음을 다해 고마움을 전한다.

취재하고 글을 쓰며 느꼈던 안타까움은 기록된 역사적 사실 조차 왜곡되고 잊혀졌다는 점이다. 불과 백년도 되기 전에 우리는 지나온 흔적들을 말끔히 지워버렸다. 세상이 온통 성취와 번영에 눈이 팔려 있는 동안 실패와 좌절한 이들의 눈물을 닦아 주었던 정신의 위대한 유산들은 망각 속으로 자취를 감추고 있다. 진정 눈 밝은 이들이 나오고 시대의 진인이 우뚝 서서, 상생과 해원의 개벽세상이 온전히 오기를 기대한다.

사월당(斯月堂)에서

명성(明星) 김천

시대를 이끈
창종자

위기의 시대, 종교의 시대 구한말

이 땅에서 모색된 구원의 노력들

　　인간은 한계를 통해서 성장한다. 현실의 부조리와 모순에 안주할
수 없는 것이 인간 정신의 본질이다. 역사에 도전하고 문화를 개혁하
며 계급을 혁명하는 것은 그러한 인간정신의 자연스런 표현이자 시도
이며, 종교와 형이상학의 영역에서도 그와 같은 노력은 당연히 일어
난다.

　　전통적인 세계관과 기존의 가치가 세상을 올바로 해석하거나 규명
하지 못할 때 인간은 좌절하거나 더러는 그것의 돌파를 시도한다. 인
류의 지성과 문명이 인간의 문제를 해명해 준다면 철학적인 번민과

종교적인 고뇌는 없어도 될 것이다. 매 시대마다 풀 수 없는 당대의 문제를 겪는 것은 어쩔 수 없는 현실이고, 그에 맞추어 새로운 이상을 세우는 것도 당연한 일이다.

어떤 믿음이 종교의 형태를 갖추기 위해서는 집단과 의식과 교의를 지녀야 한다. 민족의 정서를 관통하는 무속의 세계관이 종교가 되지 못한 것은 그만큼 강력한 집단의식을 갖추지 못했기 때문이다. 삼국시대 이래 외래 종교가 들어오면서 개별적인 종교 체험이 사회화되고 거대한 종교집단이 나오게 되었으며, 자생의 종교도 생기게 되었다.

종교는 또 다른 사회 시스템이다. 기존의 권력과 다른 형태의 권위를 조직하고 스스로 결집된 힘을 갖춘다. 그런 점에서 집단화되고 세력화된 종교가 권력으로 비칠 때도 있었고 두려움을 주는 경우도 있었다. 또한 세상의 모순이 커질수록 그 해답을 구하기 위한 종교의 힘은 증가되어 더러는 현실 권력과 맞서기도 하였다. 역사는 그것을 반복해서 경험해 왔다. 현재 거리에 넘치는 교회와 종교단체를 보면 우리 사회가 얼마나 크게 종교에 의지하고 있는가를 알 수 있다. 민족의 정서가 특별히 종교적이거나 지금 세상에 절망이 넘치고 있다는 반증이다.

이 땅의 모순은 이 땅의 종교를 만들어냈다. 더러는 외래 종교의 뿌리에 우리의 가치를 접목하기도 했고, 어떤 것은 민족의식의 심연에서 싹을 틔우기도 했다.

새로운 가치와 이념이 생길 때 기존의 질서와 충돌하는 일은 당연하다. 종교에 있어서도 그런 일은 자연스레 발생한다. 갓 생겨난 종교는 이단이나 혹은 사이비로 비난 받으며 스스로를 조직해 간다. 자신의 정당성을 증명하지 못하면 종교를 세운 창종자와 함께 그 종교의 생명도 끝나고 만다.

이 땅에서 태어나 활착에 성공하거나 번창한 종교는 몇 가지 독특한 모습을 띄고 있다. 첫째는 외래 종교를 기반으로 한국적인 가르침을 펼치는 데 성공한 케이스다. 불교와 기독교를 모태로 종파적인 특징을 세운 경우다.

기독교의 틀 안에는 통일교가 대표적이고 천부교, 영생교 등을 찾아볼 수 있다. 불교의 경우 천태종과 진각종, 총지종 등이 이에 해당하고 원불교의 예를 들 수도 있다. 미미하지만 도교와 유교를 바탕으로 한 종파도 있다.

둘째는 민족 정서를 기반으로 종을 세운 경우다. 천도교와 대종교, 증산교 계열의 대순진리회 등이 이 경우에 속한다. 그 밖에도 갱정유도, 물법교, 무극도 등 한국적인 종교로 분류할 수 있는 종파들이 있으나 미약하여 교세를 크게 펼치지 못하였으며, 더러는 현대 사회에 적응하지 못하고 사라져버렸다.

새롭게 등장한 종교적 가르침이 보편성보다 특수성을 강조하고, 개방적이라기보다 폐쇄적이라면 그 생명이 길지 못할 것이다. 그 한계를 뚫고 세계화에 성공한 대표적인 예가 통일교다. '세계평화통일

가정연합'이라는 긴 교명을 가진 통일교는 '세계기독교통일신령협의
회'라는 이름으로 시작되어 그 뿌리가 기독교에 있음을 드러내고 있
다.

통일교는 자신의 한계를 벗어나 기존 교단의 비난과 교의 비판을
극복하고 새로운 가치를 펼치는 데 성공했다. 구원과 선교의 목적을
국내에만 묶어두지 않고 국가주의의 한계를 벗어나 적극적으로 교세
를 펼침으로 세계화시킬 수 있었다. 청파동의 작은 교회에서 시작된
한국적인 구원의 원리는 일본과 미국에서도 뿌리 내릴 수 있었고, 결
국 세계 200여 개 가까운 나라에서 종교 활동을 펴고 있다. 한국에서
시작됐지만 이미 세계화에 성공한 것으로 그 밖의 다른 교파에서는
예를 찾기 힘들다.

기존의 가치 속에서 주목되지 못했던 실천과 종교적 실행을 찾아
내 제시함으로써 새로운 종파로 거듭나는 데 성공한 경우가 있다. 불
교에 뿌리를 둔 천태종 · 진각종 · 총지종 등이 이에 해당한다.

천태종은 그 역사만으로 보면 중국 수나라 천태산에 머물던 지자
(智者) 대사를 종파의 개조로 삼는다. 우리나라에는 고려시대 대각국사
의천 스님에 의해 창종됐지만 그 맥이 사라졌다가 근세에 상월 원각
(上月 圓覺, 1911~1974) 조사에 의해 거듭났다. 알 수 없는 철학적 교리보
다 생활 속에서 실천할 수 있는 현실적인 가르침을 펼쳐 성공할 수 있
었다.

진각종과 총지종은 밀교라는 불교의 독특한 영역에서 종파적 가

르침을 시작했다. 비현실적이고 교리 중심의 종교에서 벗어나 현실에 도움이 될 수 있는 실천 가능한 방법을 모색함으로써 자신의 정체성을 세우는 데 성공한 유형이다. 천태종과 진각종은 금강대학과 위덕대학을 세울 정도로 성장했고 그 교세를 꾸준히 펼치고 있다.

기성의 불교교단이 과거의 영광에 집착하고 있을 때 이들은 현실과 미래를 주목한 것이 성장할 수 있었던 힘이다. 종교가 종도의 헌신만을 강요하지 않고 그들을 위해 할 수 있는 일을 찾아 나서 신뢰를 얻고 힘을 모으는 데 성공한 사례이다.

순수하게 한국 땅에서 태어난 종교는 독특하다. 민족 정서에 뿌리박아 외래 종교에서는 찾아볼 수 없는 독창적인 세계관으로 세상의 변혁을 시도했다. 한말의 혼돈 속에 잉태되어 민족의 활로를 종교에서 찾으려 했던 특이한 동기에서 출발한 종교들로 원불교·천도교·대종교·증산교·보천교 등이 이에 속하고, 그 밖에도 태극도·성덕도·청우일신회·천존회·순천도·갱정유도 등이 나타났다가 사라지는 등 근근이 명맥을 잇고 있다.

한말의 혼란은 자연스럽게 말세(末世)가 왔다는 종말론으로 이어졌다. 저항력을 갖출 틈이 없이 밀어닥친 외부의 충격은 곧 세상이 망할 것 같은 망상으로 집단을 이끌었다. 질서가 무력해지고 권력이 붕괴되며 가치는 의미를 잃게 되자 기존의 세상은 더 이상 존속할 수 없게되어 결국 나라가 망했다.

이후 세상엔 몇몇 종교의 천재들이 나서서 현실을 구원할 대안을 제시했다. 인간이 하늘님이라고 일깨운 최제우(崔濟愚, 1824~1864)와 일원의 근본으로 돌아갈 것을 주장한 소태산 박중빈(少太山 朴重彬, 1891~1943), 그리고 스스로 상제임을 천명하고 신명을 되찾을 것을 가르친 증산 강일순(甑山 姜一淳, 1891~1943)과 민족정신의 삼일철학을 펼친 홍암 나철(弘巖 羅喆, 1863~1916), 정역으로 세상을 바꿀 것을 말한 일부 김항(一夫 金恒, 1826~1898)은 한말의 시대상황이 낳은 종교적 개혁자들이다.

그들은 개벽(開闢)이라는 혁명의 세계관을 퍼뜨렸고 평등이라는 보편적인 인간관을 이야기했다. 그리고 상생(相生)과 해원(解怨)의 독창적인 종교 이념을 가르쳤다. 그들의 이러한 활동은 일정 부분 민족에게 희망을 전했고 무력감에서 벗어날 수 있게 했지만, 민족정신을 종교적 보편성으로 이끌지 못한 경우에 민족종교들은 속절없이 사라졌다. 게다가 일제는 민족정신아래 종교가 생기는 것을 원치 않았다.

천도교는 평등한 인간 세상의 구현을 꿈꿨지만 해방 이후 현실의 벽 앞에서 잠시 멈췄고 대종교와 보천교 등은 일제의 억압 속에서 좌절했다. 민족에 바탕을 둔 이들의 종교적 실험은 여타 한국 종교에도 깊은 영향을 미쳤다.

민족종교 중에서 큰 산맥을 이루는 것은 동학계열과 증산계열의 종교다. 동학을 바탕으로 발생한 종교는 시천교와 상제교를 비롯해 수운교, 인천교, 동학교, 대동교, 백백교, 천법교, 무궁교 등 십여 개의 종교들이 있었다. 일제에 의해 사교로 규정되거나 불온집단으로 치부돼 사라진 경우도 있었다.

힘을 잃어가는 대부분의 민족종교는 격변하는 시대환경을 따라가지 못한 점을 교세 쇠락의 가장 큰 원인으로 꼽을 수 있다. 시대 변화를 배경으로 태어난 종교가 시대의 변화를 따라잡지 못했다는 역설적인 이유 때문에 사라지고만 것이다.

증산교에 뿌리를 둔 종교도 대순진리회, 증산도, 보천교, 무극대도교, 미륵불교, 동화교, 태을교, 용화교 등 여럿이 있다. 지금도 백 개가 넘는 종단이 조용하게 살아있는데 증산의 가르침을 따르는 이들은 외딴 섬과 벽지에서 공동생활을 하며 나름의 종교적 수행을 이어가는 경우도 있다. 증산계열의 몇몇 종단은 최근 들어 급격한 교세확장이 눈에 띈다. 현실의 모순이 너무 깊어 실제적인 개벽을 원하는 이가 그만큼 많아졌기 때문이다. 대순진리회는 일찍부터 교육과 포교에 눈을 돌려 꾸준히 발전해가는 추세인데 이는 시대가 원하는 것이 무엇인지 살피는 일에 게으르지 않은 결과다. 증산도는 포교무대를 국제화하려고 시도하고 있다.

원불교의 태생은 조금 독특하다. 불교의 색채를 띠고 있지만 민족종교의 울타리 안에서 보아야 한다. 소태산(少太山) 박중빈 종사에 의해 '물질이 개벽되니 정신을 개벽하자'는 기치로 시작된 원불교는 식민지 시대에 절망하지 않고 스스로 무엇을 할 수 있는 지를 보여주었다. 종교가 특수성을 벗고 보편세계로 나가기 위해 갖추어야 될 교의와 체제와 의식을 만드는데 성공했다. 즉 교육과 체제정비를 통해 신생종교의 한계를 벗어날 수 있었던 것이다.

그리고 원불교는 일찍부터 사회사업에 힘을 모아 소리 없이 곳곳에 학교를 짓고 복지사업을 지원하고 있다. 종조가 가난한 농부들을 위해 간척사업을 하고 저축조합을 만들었던 사례를 잊지 않고 지속했던 결과다. 종교가 세상의 추앙을 받기보다 세상 사람들을 위해 무엇을 할 것인지 고민한 노력은 원불교의 역사를 통해 살필 수 있다.

종교를 비롯한 인간의 형이상학적 노력은 시대의 질문에 대한 대답이다. 우리 시대가 무엇을 묻고 있는지 이 시대의 종교를 보면 어렴풋한 답을 찾을 수 있을 것이다. 그것이 특수성의 굴레를 벗지 못하면 보편성이라는 더 큰 세상으로 나가지 못할 것이다. 종교가 구원보다는 굴레를 던지는 상황 속으로 빠질 수도 있다.

한국에서 태어난 종교는 한국적 문제에 대한 반영이다. 우리가 어떤 역사를 살아왔고, 무엇을 꿈꾸고 있으며, 어디로 가고 싶은지 우리의 종교 속에 그 전모가 담겨 있다.

오늘 우리가 얻을 수 있는 것은 무엇인지 한국에서 태어나 펼쳐지고 있는 종교를 통해 돌아보자. 그 속에서 구원과 영광을 찾을 수 있다면 다행한 일이다.

이상세계의
새로운 꿈을 보이다

증산교 강증산

강증산의 묘와 초상화

강증산(1871~1909)

본명은 일순, 전라북도 고부 손바라기 땅이라는 객망리에서 태어났다. 마을 앞산의 이름이 시루봉인지라 호를 증산이라 지었다. 부친은 강문회, 모친은 권양 덕으로 큰 불덩어리가 떨어지는 태몽을 꾼 후 그를 잉태했다.

집안이 가난하여 외가에 의탁 하여 자랐으나 심성이 영특해 사물을 깊이 들여다볼 줄 알았다 전한다. 여섯 살 때 풍물굿을 보고 마음의 눈을 뜨는 최초의 종교 체험을 했다. 그해부터 글을 배우면서 범상치 않은 언행을 남겼고, 열여섯 살에 글 읽기를 멈췄다. 곤궁한 가정 형편 때문이었고 더 이상 한학을 배울 수 없었다.

세상을 두루 보고 온 후 집으로 돌아와 증산이란 호와 사옥이란 자를 지었다. 21살 때인 1891년에 첫째 부인 정치순과 혼인을 하고 딸 강순임을 낳았다. 부부 간의 인연은 소원했다. 강순임 또한 유복하지 않은 삶을 산 것으로 전한다.

강증산은 대원사에서 49일간의 기도 끝에 도통 한 후 금산사 인근 구릿골 김형렬의 사랑채에 거처를 정해 동곡약방이란 이름을 붙이고 소위 천지공사를 시작했다. 자신을 천계에서 내려온 옥황상제임을 천명했다. 나라가 망하고 세상이 끝날 것 같은 말세론이 팽배하던 때 그의 득도 소식은 파란을 일으켰다. 그는 세상의 변화를 예언했고, 원으로 가득 찬 선천 개벽 시대가 끝나고 해원과 상생의 후천 개벽 시대가 열렸음을 선포했다. 모든 것이 자신으로 인해 새로워질 것이며 앞으로 이루어질 역사는 자신이 이미 정해둔 조화의 도수대로 변할 것임을 주장했다.

증산은 김형렬의 세째 딸을 둘째 부인으로 삼았으나 정식 혼례를 치르지 못했다. 이어 자신을 따르던 차경석의 이종인 고판례와 혼인하여 으뜸 부인인 수부(首婦)로 삼았다. 증산 계열의 종교에서는 고판례를 고수부, 고부인, 태모, 천후 등으로 부른다. 증산 사후 고판례는 증산과 접신하는 신비 체험을 거쳐 선도교(仙道敎) 등을 이끌었고 그를 따르는 무리들이 분파하여 증산도를 만들었다.

증산 사후 법통 문제로 복잡한 사정이 생겼을 때 증산을 따르던 무리 중 일부는 1937년 강순임을 적통자로 내세워 증산법종교를 창종 했다. 강증산은 친필로 《중화경, 中和經》을 써서 남겼고 후일 강순임이 물려 받았다하여 증산법종교의 소의경전으로 삼고 있다.

원불교측에서는 강증산이 《정심요결, 正心要訣》이라는 비서(秘書)를 남겼고, 이것을 원불교 2대 법통을 이은 송규가 전해 받아 읽고 견성했다고 주장한다. 송규가 스승을 찾아 이곳저곳을 떠돌 때 객망리 증산의 여동생인 선돌댁의 집에서 머물며 수도했던 적이 있었다. 그 때 강순임이 그에게 천장 속에 숨겨진 책이 있음을 알렸다고 한다. 증산은 딸에게 "이 책은 주인이 따로 있으니, 후에 그가 찾아왔을 때 전해주라."고 당부했다. 송규는 책을 얻자 증산이 했던 바를 따라 대원사로 가서 《정심요결》을 바탕으로 다른 도가의 책을 번역하여 원불교 수행의 교본인 《수심정경》을 편역 했다.

증산의 여동생인 선돌댁은 후에 조철제를 만나 부부가 됐다. 조철제는 증산이 꿈에 나타나 자신을 '무극상제'로 임명했음을 주장하며 태극도를 열었다. 조철제는 증산 사후에 유골 탈취사건을 일으켰으나 재판 끝에 상속자임을 인정받지 못했다. 태극도를 따르던 이들 중 박한경은 후에 대순진리회를 창종 했다.

이처럼 증산은 후대의 수많은 종교적 탐구에 영향을 미쳤다. 증산의 가르침을 따르는 이들은 한 때 백 여 개 이상의 종파를 이루어 번성했으며 지금도 그 세를 무시할 수 없다.

증산은 과거의 종교와 달리 역사 전진의 이치가 자신으로 인해 변혁되었음을 밝혔다. 그가 주장한 상생 해원 개벽의 이념은 지금도 널리 쓰이고 있다. 그는 쇠망하던 시대에 종교로서 새로운 비전을 제시한 인물로 평가할 수 있다.

종교는 꿈이다. 지옥에서 꾸는 꿈이 종교다. 현실이 악몽일수록 꿈은 절실하다. 구한말 이 땅은 숨쉬기조차 힘든 고난의 대지였다. 한 사람이 꾸는 꿈은 세상을 바꾸지 못하지만 모두 같은 꿈을 꿀 때 꿈은 현실이 된다. 증산(甑山) 강일순(姜一淳)은 현실을 견딜 수 없었던 민초들에게 꿈을 주었다.

태생이 운명을 결정했다. 1871년 전북 고부군 우덕면 객망리(客望里). 이곳은 후일 동학이 혁명을 일으킨 땅으로, 쇠잔해가는 나라의 몰락한 양반의 후손 강일순이 태어났다. 찾아올 손님을 바란다는 객망리의 지명은 본디 선망리(仙望里)로 하늘의 신선이 찾아오길 바란다는 마을 이름조차 신비의 배경이 되기에 충분하다. 하늘이 갈라지고 불기둥이 몸을 덮치는 태몽을 꾼 후에 그가 태어났다. 마을 뒷산이 시루봉이라 후에 증산(甑山)이라는 호를 지었다.

고부는 농사짓기에 좋은 땅이다. 하지만 조선 말의 가렴주구는 비옥한 고장일수록 가혹했다. 농사짓는 사람은 늘 굶주렸고 불행은 불만을 끌고 다녔다. 어린 시절 총명한 강일순의 눈에는 가난한 땅의 사람이나 짐승이나 모두 가엾게 비쳤을 것이다. 어느 가을 알곡을 추수하며 새를 쫓는 농부를 보고 어린 그가 어른들에게 했다는 말은 사정을 짐작케 한다.

"새가 한 알 쪼아 먹는 것을 그렇게 못마땅히 여기니 굶주린 사람들을 먹여 살려 보려고 애를 쓸 수가 있을까."

일곱 살에 글을 배우기 시작했지만 곧 그치고 만다. 세상과 사정이 허락지 않았기 때문이다. 겨우 일할 수 있을 정도로 자란 후에는 가난이라는 짐을 짊어졌다. 품을 팔고 나무를 져다 팔아야 하는 어려운 살림이었다.

10대 후반 시절을 여기저기 다니면서 사색하며 보냈다고 전한다. 파국을 향해 치닫는 조선왕조의 마지막 병폐를 몸으로 느꼈을 것이다. 민심은 불온하고 세상이 망하기를 바라는 심사도 적지 않았던 때다. 절망을 감당할 수 없을 때 하늘과 땅이 맞붙어 뒤집어지기를 바라기도 한다. 세상은 점차 구세주를 원하고 있었다.

마침내 고부에서 난이 일어났다. 갑오년 동학혁명이 일어났을 때 강일순은 처가에서 마을 훈장을 하고 있었다. 혁명의 와중에 서당 문을 닫고 이리저리 몸을 옮겼지만, 그는 혁명이 성공하지 못하리라는 것을 정확히 예감하고 있었다.

동학의 접주였던 박윤거에게 권한 이야기는 동학군의 운명을 고스란히 예측한 것이다.

"동학군이 고부에서 난리를 일으켜 황토마루에서 승리하였으나 결국 패망할 것이다. 그대가 접주라고 하니 전란에 휘말려 들지 말고 무고한 생민을 전란에 끌어들이지 말라."

강일순의 행장을 살펴보면 동학에 참여하지는 않았지만 줄곧 관심을 가졌음을 알 수 있다. 농민군의 진격 행로를 따라 더러는 사람을 피신시키기도 했다.

동학농민군에 종군하던 안필성은 행군을 말리는 강일순에게 화를 터뜨렸다.

"이렇게 목숨을 내던지며 백성을 구하려는 마당에 어찌 남의 일처럼 보고만 있습니까? 게다가 사사건건 불길한 말만 하는 것입니까? 당신은 왜 이곳까지 왔으며 무엇을 하려는 것입니까?"

함께 뜻을 세우지 않는 것까지는 참아도 늘 말리기만 하는 그의 태도에 분노가 치민 것은 당연한 일이다.

강일순의 대답은 동학과 세상을 바라보는 연민의 일단을 느끼게 해준다.

"어찌 난들 그것을 모르겠는가! 그들을 미워할 수 있겠는가! 불리한 앞날을 보고 일러주는 것이다. 한 사람의 생명이라도 아껴 건지려는 것이다. 내가 이곳에 온 것도 여기서 동학군들이 많이 희생될 것을 알기 때문이다. 어찌 구경하러 왔겠는가! 젊은이들의 목숨을 건져보려고 온 것이다."

세상을 태우는 불길을 끄기에 한 사람의 힘은 너무 벅찰 것이다. 자신의 눈으로 볼 수 있는 파멸의 결과. 그것을 바꿀 수 없다는 것을 알면 알수록 번민도 심해진다. 동학혁명에 종군하지는 않았지만 강일순은 줄곧 전란의 주변을 맴돌고 있었다.

동학의 혁명이 실패로 끝나자 지옥문이 열렸다. 관군에 더해 일본과 청의 군사까지 밀려왔다. 혼란이 겹겹이 쌓였다. 살아남은 가족에 비하면 죽은 자들은 오히려 행운이었다. 강일순은 세상의 혼돈을 굽어보리라 다짐하고, 20대의 마지막 몇 해를 전국을 다니며 이 땅의 불행과 비극을 절감하게 된다.

여정에서 정역(正易)의 가르침을 펴던 일부(一夫) 김항(金恒)을 만난 것은 세상을 개벽하려는 증산의 사상을 세우는데 큰 전기를 만들었다. 김항은 동학(東學)의 최제우와 남학(南學)의 김광화와 함께 동문수학한 학자다. 최제우와 김광화는 관에 잡혀 처형당했지만 그는 살아남았다. 그들은 유교의 경문을 공부했으나 세상의 도탄을 구제하기엔 힘겹다는 사실을 잘 알고 있었다. 일찍부터 선가(仙家)와 불교에 눈을 돌렸고 주문과 종교적 신비에 빠져들었다.

김항은 특히 《주역》에 심취했다. 시대가 바뀌어 주역의 수리원리가 뒤바뀌었음을 주장했다. 정역(正易)을 주창한 것이다. 하늘과 땅이 개벽하여 일어난 천지(天地)의 시대가 땅과 하늘의 지천(地天)의 시대가 됐다고 가르쳤다. 이것은 선천(先天) 시대의 원리로는 후천(後天) 시대의 진실을 밝히지 못하기 때문에 새로 교의를 세웠다고 했다.

전해지기로는 김항도 매일 관촉사의 미륵불 앞에서 기도하였고 강력한 종교적 신비를 체험했다고 한다.

그는 정역의 사상을 펼치면서 우주와 생명의 조화 원리를 꿰뚫어 안 유일한 사람이 자신임을 전파했다. 김항의 사상은 후에 생겨난 민족종교들에 큰 영향을 미쳤다. 인간의 마음이 하늘까지 바꿀 수 있는 시대가 되었음을 예고하였기 때문이다.

강일순은 1897년 김항을 만났다. 며칠 간의 짧은 만남이었지만, 두 사람은 무엇인가 뜻이 맞아 떨어졌을 것이다.

이때부터 강일순의 발길은 전라도를 벗어난다. 충청도 경기도에서 황해도 평안도를 둘러 함경도 · 강원도를 찾았다. 경상도를 거쳐 충청도를 다시 돌아 고향으로 돌아왔다. 나이 서른이 된 해였다. 정역의 원리를 배우고 순례 기간 동안 사람들의 마음을 정면으로 마주보는 방식을 익혔다. 이때부터 그는 사람들 사이에서 신비로운 인물로 인식되기 시작했다. 군데군데서 보여준 이적이 사람들의 관심을 끌었던 것이다.

세상을 이루는 복잡한 원리를 읽어낼 줄 알았고 마음의 갈피를 뒤져 필요한 지혜를 찾아내는 법을 터득했다. 3년 동안 전국을 돌며 자신이 누구이며 무엇을 해야 할지 자각했다. 고향에 돌아와 그가 한 일은 산꼭대기에 올라가 명상하고 주문을 외우고 울부짖는 일이 고작이었다. 그것은 세간의 몰이해 속에서 자신이 걸어야 할 운명의 길을 모색하는 과정이었다. 그리고 결국 세상을 구해야 한다는 사실을 받아들인다.

동학이 휩쓸고 지나간 후라 고부의 관은 예민했다. 남다른 모습이 보일라치면 세상을 현혹한다는 명목으로 잡아들였다.

산에서 기도하며 지내는 강일순의 행적도 당연히 혹세의 죄목으로 다스릴 대상이 되었다. 몇 차례나 체포의 고비를 넘기고 기도를 끝내자 그는 산을 떠났다.

　강일순이 찾아간 곳은 금산사의 말사인 모악산 대원사로 이곳은
바로 증산의 종교적 출발점이 된 곳이다. 여기서 그는 다시 태어났다.
증산은 대원사의 방 하나를 얻어 49일간 정진하였다. 먹지도 않고 바
깥출입도 없이 목숨을 건 수도가 이루어졌다.

　가장 귀한 것을 버릴 각오가 된 자는 더 귀한 것을 얻는다. 모세와
붓다, 예수와 마호메트도 그랬다. 생명을 내던지고 세상을 구제할 지
혜와 용기를 구하는 것이다.

　49일 동안 자신과 맞부딪치며 증산은 인간의 마음을 사로잡은 욕
심과 성냄, 음란과 어리석음을 떠나 천하를 바로잡는 도를 깨우쳤다.
대원사를 나와 증산은 세상을 향한 공사(公事)를 시작한다. 그는 자신
의 가르침에 이름을 붙이지 않았다. 오직 '만고에 없는 무극대도'라고
만 했다.

　자기 앞에 놓인 가혹한 여정을 절감하고 있었을까? 증산은 그를
따르던 이에게 자신의 속내를 털어놓았다.

　"내가 이 일을 맡으려 함이 아니다. 내가 아니면 천지를 바로잡지
못한다고 하니 괴롭지만 어찌할 도리가 없다. 내가 맡지 않으면 천하
는 비겁에 쌓여 운명을 다하기 때문이다."

　'시대의 운명을 어떻게 바꿀 수 있을까?' 하는 문제에 몰두하고 있
었다. 부귀나 종교적 권세 따위는 안중에도 없었다.

　교세를 불리는 일에 힘을 쓰지 않았고 길에서 만나는 사람들의 문

제를 해결해 주었다. 집안을 돌보는 평범한 삶을 살아달라는 아내의 당부를 오히려 나무랐다.

"천하를 위하려 하오. 천지를 바로잡고 세계의 창생을 건지려는 나에게 어찌 집에 머물라고 권하오."

이후 줄곧 금산사 아래 동곡 마을을 중심으로 지내며 뜻을 펼친다. 광제국(廣濟局)이라는 약방을 열고 병든 중생을 구하겠다는 뜻을 세운 것이다. 사람의 병을 고치기 위해 결국 하늘도 뜯어 고치겠다는 것이 그의 생각이었다. 누구도 고쳐주지 못했던 민초들의 하늘을 고치며 지냈다. 세상만 잘못된 것이 아니라 하늘도 잘못되었으니 당연히 바로 잡아야 할 일이라 애쓴 것이다.

낡은 것으로는 새 세상을 맞을 수 없으니 증산의 뜻은 분명했다.

"다른 사람이 만든 것을 따라 행할 것이 아니니 새롭게 만들어야 하는 것이다. 낡은 집에 그대로 살려면 엎어질 것이니 불안하여 괴롭게 살 것이니라. 우리는 개벽해야 하나니 나의 공사는 옛날에도 없고 지금도 없는 일이요, 선천을 뜯어 고치고 후천의 무궁한 선운을 열어 낙원을 세우리라."

그의 가르침을 쫓아 사람들이 모이면서 증산은 많은 고초를 겪는다. 개인적인 원망을 당할 때는 묵묵히 받아들여 오해를 사라지게 했다. 결국 의병을 모의했다는 혐의로 체포되어 옥고를 치르기에 이르렀다. 1907년 사람들과 함께 투옥되어 40여 일을 갇혀 지냈다.

이때 당한 혹독한 고문은 후에 사망의 원인이 됐다는 추측을 낳게

했다. 의병이냐는 추궁에 증산의 대답은 단호했다.

"의병이 이씨 왕가를 위하여 일본 병사에게 항거하는 것을 말한다면 우리는 그런 일을 하지 않는다. 혼란하고 멸망에 가까운 때를 맞아 천지를 개조하여 새로운 세상을 열려 한다.

진실로 천하를 도모하여 창생을 건지려 하는 것이다. 세상에서 시달리는 민생을 건지려는 것이다."

천지를 고치는 공사를 시작한 지 9년 만에 강증산은 세상을 떠났다. 그의 마지막 말은 단순하였다.

"나는 간다. 내가 없다고 조금도 낙심하지 말라. 행하여 오던 대로 잘 행해 나가라."

늘 혹세무민하지 말라 가르쳤고, 병든 것을 낫게 하려고 애쓰던 길지 않은 삶이 저물었다.

그래도 그가 꿨던 꿈은 백일몽처럼 사라지지 않았다. 절망에 목 놓아 울 수밖에 없는 사람들에게 세상은 변할 수 있다는 것을 알려 주었다. 결정된 운명을 강요하는 하늘이 아니라 마음을 써서 바꿀 수 있는 하늘이 있다는 사실을 일깨웠다.

과거의 영광만 돌아보며 무지와 원망 속에서 살지 말고 하나라도 할 수 있는 일을 행하라는 것이 그의 가르침이다. 상놈을 양반으로 만들고, 천한 것을 귀하게 만들 수 있다고 말했다.

세상은 서로 다투는 곳이 아니라 함께 살 수 있는 상생의 터라는 것이 강증산이 열어 주려 한 이 땅의 모습이다. 그 꿈은 오늘에 이르러

서도 빛이 바래지 않고 있다.

한국 종교사에서 증산 강일순은 독창적인 위치를 차지한다. 극단적으로 말하면 한국의 종교는 증산 이전과 이후로 나눌 수 있다. 2,000년 이상 지속되어온 이 땅의 종교적 흐름은 그로 말미암아 아주 새로운 경지를 갖추게 되는 것이다.

서울대학교 종교학과 김종서 교수는 한국 종교사에서 증산이 준 충격을 이렇게 설명했다.

> 수운 최제우는 새로운 종교를 만들 수 있다는 가능성을 제시했다. 강증산은 거기서 한발 더 나아가 자신이 신이라는 것을 천명하였다. 한국 종교사상 최초의 사건이다. 그 이전에는 아무도 그렇게 말하지 않았다. 그런 각성이 있었기 때문에 적극적으로 가르침을 펼칠 수 있었다.

강증산이 스스로 신이라 자부한 종교적 자신감은 가깝게는 원불교부터 통일교까지 이후 한국에서 태어난 종교에 깊은 인상을 주었다. 창종자가 스스로 신이거나 신성의 현현임을 밝힌 시초가 그에게 시작됐다.

흔들리는 세상에서 더 이상 신을 찾아 헤매지 않고 자신이 신임을 깨우친 이가 강증산이다.

한국종교학회의 김탁 박사는 증산이 펼친 종교적 행위는 스스로 하늘임을 알고 나서야 가능한 것이라고 주장한다.

> 동학을 일으킨 수운 최제우는 하늘과의 대화를 체험했다. 그것
> 을 통해 후천개벽의 새 세상이 올 것을 예언했다. 그러나 증산
> 의 가르침은 예언에 그친 것이 아니다. 자신이 하늘이며 우주
> 최고의 주재자이므로 후천개벽으로 새 세상을 만들 계획을 세
> 워두었다고 밝혔다.

신은 더 이상 세상의 저편에서 드러나지 않는 뜻을 통해 존재하지
않았다. 우리와 똑같은 모습으로 똑같은 고통 속에서 그 고난을 구제
하기 위해 이 땅에 온 것이다. 증산계통의 종교에서 강증산을 하늘님
인 상제(上帝)라고 부르는 것은 그 때문이다.

증산에 이르러 신은 대행자를 통하지 않고 이 땅의 역사에 직접 개
입한다. 그는 자신이 신이며 동시에 세상을 구제하는 미륵불(彌勒佛)임
을 주장했다. 증산의 행장과 가르침을 담은 《대순전경(大巡典經)》에는
하늘에 있던 그가 이 땅에 오게 된 과정을 기록하고 있다.

> 서천서역대법국천계탑(西天西域大法國天階塔)에 내려와서 삼계를
> 둘러보고 천하에 대순(大巡)하다가 이 동토에 그쳐 모악산 금산
> 사 미륵금상(彌勒金像)에 임(臨)하여 30년을 지내면서 최수운(崔
> 水雲)에게 천명(天命)과 신교(神敎)를 내려 대도(大道)를 세우게 하

동곡약방, 도통한 후 증산은 금산사 아래 동곡리에 약방을 열어 천지공사를 시작했다.

였더니 수운이 능히 유교의 테 밖에 벗어나 진법을 들춰내어 신도(神道)와 인문(人文)의 푯대를 지으며 대도의 참 빛을 열지 못하므로 드디어 갑자년에 천명과 신교를 거두고 신미년에 스스로 세상에 내려왔노라.

금산사 미륵불에 30년을 머물다 세상에 왔다는 것이다.

《대순전경》의 다른 부분에서는 그의 모습조차 "얼굴이 원만(圓滿)하사 금산미륵불(金山彌勒佛)과 흡사하시며 양미간(兩眉間)에 불표(佛表)가 있으시다." 하여 금산사 미륵불과 같다는 것을 강조하고 있다.

미륵신앙은 동아시아의 역사에서 독특한 위치를 차지한다. 왕조에 의해 국가의 통치이념으로 변용되는 경우도 있었고, 사회변혁을 바라는 민중의 혁명이념으로 내세울 때도 있었다. 원나라의 국운이 쇠잔해 갈 때 중국의 민중들은 미륵을 신앙하는 백련교를 만들어 홍건적의 난을 일으켜 새 세상을 갈망했다. 신라가 망해 갈 때 궁예는 자신이 미륵임을 주장하며 세상을 구하겠다고 나선다.

강증산이 평생을 보낸 향토는 미륵신앙의 중심지였다. 백제시대 익산 미륵사는 국가 신앙의 중심이었고 통일신라 이후 진표율사가 창건한 모악산 금산사는 지금까지 미륵신앙의 근본 도량이 되고 있다. 금산사로 가는 길목인 구리골에서 약방을 차리고, 그는 세상을 향해 무극대도의 가르침을 폈던 것이다.

도솔천에서 자비심으로 수행하는 미륵보살은 부처가 되어 이 땅에 오는데, 그 시절이 되면 세상의 모든 고통과 고난은 사라지고 억압에서 풀려나 모든 이가 구원된다. 그것이 미륵신앙의 근본이다. 그때 미륵불과 함께 전륜성왕(轉輪聖王)이라는 이상적인 지도자가 세상을 이끌어 풍요와 평화가 넘치는 세상이 이루어진다고 믿는다. 대진대학교 종교문화학부의 윤재근 교수는 강증산이 미륵을 주창한 이유를 이렇게 설명했다.

> 하부 민중들이 미래를 바라는 종교적인 마음은 미륵신앙에 배어 있다. 강증산은 우리 사회의 혼란과 고통을 끝내고 안정시키려는 열망을 갖고 있었고 한국적인 구세주로서 미륵불임을 선언한 것이다.

미륵(彌勒, Maitreya)이란 명칭의 어원은 '모두를 사랑으로 대하는 이'라는 의미다. 부처가 되기 전의 미륵보살은 일체를 연민으로 대하는 자비심을 수행한다. 그렇기 때문에 옛 역경사들은 미륵보살을 '자비를 이름으로 삼는다'는 자씨보살(慈氏菩薩)로 의역했다. 미륵불이야말로 시대의 아픔 속에서 민중을 사랑하는 종교적 구세주의 모델이 되기에 충분했던 것이다.

신으로서, 상제로서, 미륵불로서 이 땅에 온 증산은 세상의 모순을 바로잡기 위해 천지공사(天地公事)를 펼쳤다고 했다. 공사는 강증산의 독창적인 종교행위다. 여러 공사 중에서 가장 대표적인 것이 천지공사다.

《대순전경》에는 강증산이 공사를 펼치는 뜻을 이렇게 적고 있다.

> 내가 하늘과 땅과 인간세상의 대권(大權)을 주재(主宰)하여 천지
> 를 개벽하며 무궁한 선경의 운수를 정하고 조화정부를 열어 재
> 겁(災劫)에 싸인 신명(神明)과 민중(民衆)을 건지려 한다.

천지를 개벽하고 재난 속의 민중뿐 아니라 신명까지도 건질 수
있다. 세상의 신들마저도 구원할 수 있는 것은 오직 절대자만이 가능
한 일이다. 공사란 후천 세계의 질서를 재편하는 창조주의 행위인 것
이다.

> 수운 최제우의 가르침은 하늘님을 모시는 '시천주(侍天主)'이다.
> 신의 힘에 의지하고 있다. 그러나 강증산의 공사는 자신이 천주
> (天主)인 하늘님이라는 자각에서 비롯돼 능동적으로 세상을 개
> 벽한다. 이 세상을 구할 수 있는 것이 천지공사이며 이를 통해
> 종교적 이상세계를 구현할 수 있다고 믿고 가르쳤다.

대진대학교 윤재근 교수의 설명이다.

강증산은 당대의 현실을 원(冤)으로 가득한 세상이라고 파악하고
있었다. 지배구조 때문에 원망과 원한이 쌓일 수밖에 없으니 해원(解

冤)으로 원을 풀어주려면 천지공사만이 가능한 일이라는 것이다.

그에게 이상세계는 단순히 기다리면 오는 세상이 아니었다. 세상이 그릇되기 시작한 근원까지 돌아가 원한을 풀어주고 새로운 세상이 열리는 도수를 정해놓아 사람들이 행복하게 살 수 있도록 적극적인 실천이 따라야 했다. 그래서 펼친 것이 천지공사였다.

강증산은 "마음이 깨끗해야 복이 이른다."고 했다. 그가 대중에게 제시한 종교적인 수행법은 '마음을 닦으라'는 포괄적인 지침으로 외부보다 내면의 종교체험을 강조한 것이다.

서울대학교 종교학과 윤이흠 명예교수는 이 같은 가르침이 다분히 의도적인 것이라고 지적한다.

> 강증산은 동학혁명을 지켜보면서 자신의 종교를 조직했다. 동학이 외형적이고 대사회적인 가르침을 펼쳤지만 실패하는 것을 보았기에 내형적인 종교 경험을 주목한 것이다.

사람들을 향해 늘 "마음을 부지런히 하라. 정심으로 나를 따르라"고 강조했던 것이 그의 가르침이다. 도통진경(道通眞境)이라는 지상천국에 이르기 위해 마음 수련을 권했다.

증산은 세상에서 원(怨)이 가득 찬 이들에게 다가서서 종교를 펼쳤던 것이다. 복잡한 교리로 가르침을 포장하기보다 약국을 만들고 직접 약을 지어 병을 고치려 했다. 때로는 주문 외는 것을 가르쳤고 부적을 쓰기도 했다. 이해할 수 없는 논리를 강요하기보다 마음을 닦으면 누구나 도통할 수 있다고 가르쳤다. 세상의 개벽을 미리 짜 두었으니 진심으로 마음을 닦아 올바른 생각을 되찾자고 말했다.

양반의 후예들이 중심이 되어 시작된 동학과 대비해 강증산을 따르던 이들의 신분적인 특성은 달랐다. 그는 늘 배우지 못하고 세상의 낮은 곳에서 어렵게 사는 사람에게 다가섰다. 그것이 마음 수련이라는 포괄적인 수행법을 펼치게 된 밑바탕이라는 분석도 있다.

대진대학교 윤재근 교수는 신분적 특성에 대해 다음과 같이 설명했다.

> 증산을 따르던 이들은 무당이나 서얼 등 신분상 하부구조의 사람이 많았다. 백성들의 문맹률이 높았던 점도 고려해야 할 것이다. 그들에게 다가서서 종교적인 수행법을 쉽게 전하기 위해 마음을 닦으라는 광범위한 표현을 했다고 이해할 수 있다.

그 당시는 곳곳에서 분열이 일어나고 있었다. 국가와 지배체제가 분열되고 신분이 역전되며 민족의 정체성이 위협받았다.

그때 필요한 것은 화합하는 세상이며, 그것이 이루어진 것이 '상생(相生)'의 세상이다.

증산이 꿈꾸어 비춘 것은 사람이 근본이 되고 존귀해지는 '인존(人尊)'의 지상천국이며, 고통과 슬픔이 없는 세상이다. 강증산은 이미 5

만 년의 무극대도를 설계해놓았으니 그것이 천지공사를 통해 이루어지는 후천개벽의 세상이 열렸다고 했다. 이상세계에 이르기란 불가능한 일도 아니고 그다지 어렵지도 않으니 오직 마음을 닦으면 누구나 갈 수 있다고 가르쳤다. 지금 이 순간도 그 꿈이 이루어지는 후천의 개벽은 계속되고 있는 것이다.

세상이 불행할 때 종교가 있다. 대부분의 종교는 절망적 상황에서 시작되었다. 이집트의 노예로 가혹한 현실을 살던 유태 백성에게 모세는 민족의 자각을 이끌어 젖과 꿀이 흐르는 가나안 땅으로 인도했다. 예수는 로마의 학정에 절망하는 이스라엘 백성에게 사랑이라는 삶의 방식을 일깨웠다. 석가모니는 주변 강대국의 침략 위협 속에서 수행의 길을 택했다.

강증산의 시대는 변화와 고난과 두려움이 지배하던 때다. 사람들은 불행했다. 그는 이런 세상의 모습을 천지가 새로 열리는 개벽(開闢)의 시대로 파악했다.

행복해지려면 왜 불행한지 알아야 한다. 고통의 원인을 바로 보아야 하고 무엇이 행복에 이르는 길인지 알지 못하면 결코 행복을 얻지 못할 것이다. 강증산은 세상이 혼란한 원인을 불행한 이들의 원한에서 찾았다. 이미 만들어진 세상인 선천개벽(先天開闢) 시대에 쌓인 원한이 극에 달해 세상이 망해버릴 지경이 되었다는 것이 그의 자각이다. 따라서 원한을 풀지 못하면 세상은 결코 행복해지지 못하리라고 했다.

모세가 율법을 외쳤고 부처가 지혜와 자비를 가르치며 예수가 사랑을 이야기했던 것처럼 증산은 해원(解寃)을 말했다. 원한과 원망은 불행의 씨앗이다. 개인과 국가 모두가 그렇다.

조선은 사회 운용의 모범을 중국에서 찾고 있었다. 모든 이가 풍요를 누리던 태평성대의 요순(堯舜)시대는 조선이 꿈꾼 이상세계다. 유교 정치의 궁극적인 목표는 요순시대의 실현이다. 조선이 망해가던 시절 강증산은 요순시대야말로 최초의 모순, 원한이 시작된 출발점이라고 파악했다. 당시의 세계관과는 전혀 다른 접근방법이었다.

한국종교학회의 김탁 박사는 해원의 근원에 대해 다음과 같이 설명한다.

세상의 첫 원한을 맺은 것이 요임금의 아들 단주(丹朱)이다. 모든 원한은 그로부터 시작됐다고 보았다. 단주의 원한을 풀어가는 과정이 선천시대의 해원이며 천지공사의 시작인 것이다.

1926년 이상호가 쓴 《증산천사공사기(甑山天師公事記)》는 강증산의 언행을 적은 최초의 기록이다. 그곳에 실려 있는 강증산의 육성은 해원의 의미와 단주에 대해 들려주고 있다.

옛부터 쌓여온 원을 풀어 그로부터 생긴 모든 불상사를 소멸하여 영원한 화평을 이루려 한다. 대개 머리를 끌면 몸이 움직이

는 것 같이 인류 기록이 비롯되었으며 원의 역사의 첫 장인 요
임금의 아들 단주의 원을 풀어주면 그 이하 수천 년에 쌓여온
원의 마디와 코가 모두 풀어지리라.

요임금의 아들인 단주는 왕권이 당연히 자신에게 전해지리라 믿
고 있었다. 하지만 아들이 현명하지 않음을 안 요임금은 왕위를 순에
게 물려주었다. 단주는 아버지로부터 바둑판 하나를 받고 말았다. 요
와 순임금이 세상을 풍요롭게 했다지만 단주에게는 원한의 대상일 뿐
이다.

강증산은 유교적 이상세계란 개인에게 불행을 강요하는 허위란 점
을 간파했다. 한 시대와 세계관이 몰락하고 있으니 그 원인을 종교적
으로 규명하고 풀어주려 한 것이다. 지나간 시대의 가치는 더 이상 힘
이 되지 못하며 새 세상을 이루는 걸림돌에 불과하다는 통찰이었다.

강증산이 꿈꾼 행복한 세상이란 결국 원이 풀린 세계다. 모든 사람
이 행복해지려면 그 원한의 첫 단추를 바로잡아야 했다. 강증산은 천
지공사를 펼치며 해원의 첫머리를 푸는 종교적 상징을 장치하고 있
다. 그는 천지공사의 현장인 동곡약방(銅谷藥房)에 약장을 만들어 천하
를 고치는 도구로 삼았다.

《공사기》에는 약장의 모습을 상세히 그리고 있다.

약장의 가운데 칸에 단주가 명을 받는다는 뜻의 '단주수명(丹朱

受命)'이라 쓰시고 그 속에 목단 껍질을 넣어두셨다. 그 아래에 사나운 바람과 번개·비에도 혼미하지 않는다는 의미의 '열풍뇌우불미(烈風雷雨不迷)'라고 옆으로 쓰셨다. 또 '칠성경(七星經)'을 아래로 쓰고 그 끝에 걸음을 재촉하여 양명에 오른다는 의미로 '우보상최등양명(禹步相催登陽明)'이라 쓰셨다.

단주가 명을 받는다는 것은 그의 이루지 못한 꿈을 이루어 원을 풀어주었음을 밝힌 것이다. 창조주인 강증산이 쓴 글귀를 통해 해원이 이루어졌음을 선포했다.

뜻을 세웠으나 이루지 못한 자들의 좌절은 아프다. 그것이 쌓여 세상의 불평등과 소외가 생겨난다고 보았다. 강증산은 예수회 선교사로 중국에 최초로 가톨릭 신앙을 전한 마테오 리치(중국명 利瑪竇) 신부도 원을 남겼다고 보았다. 강증산은 서학의 이마두는 지상에 천국을 만들려고 했지만 유교의 폐습 때문에 실패했다고 했으며, 동학의 전봉준과 최제우도 원을 남겼으니 풀어준다고 했다.

강증산의 해원 실행 중에서 주목할 만한 것은 천민과 여성의 원을 풀어주려 한 것이다. 당대의 사회에서 가장 억압받는 자를 품지 않고서 세상의 상처는 치유될 수 없을 것이다. 여자도 수도를 하면 도를 통할 수 있고 자기를 완성할 수 있다. 여성은 남성과 평등한 관계를 갖고 있다고 가르쳤다.

증산의 교의 중에 음양합덕(陰陽合德)을 빼놓을 수 없는 것은 이 때문이다. 음과 양은 동등하게 세상을 이룬다는 가르침이다.

강증산이 예고한 세상에서는 천민도 귀해지고 주인이 된다. 가장 약한 것이 강해지며 천한 것이 높아지는 세상이 오리라는 것을 예언했다. 조선의 사회는 그런 세상의 반대편에 서 있으며 그 역사는 이미 끝났다는 것을 주장한 것이다.

서울대학교 종교학과 윤이흠 명예교수는 강증산의 공사상과 해원의 종교행위야말로 독창적인 것이라고 지적한다.

> 해원의 가르침을 통해 증산 특유의 신비주의적인 교리가 진행된다. 증산은 개인과 사회의 원, 동양과 서양뿐 아니라 일본의 원까지 풀어주고 있다. 일본에 대해 앞으로 일어날 일까지 예언하여 도수를 정해놓았음을 말하고 있다. 결국 우리 민족의 우월성을 갖게 하고 민족 주체성을 강조한 것이다.

민족의식을 강조한 강증산의 종교적 가르침은 격렬한 압력이 되어 돌아와 탄압의 빌미가 되었다. 예수가 로마 총독인 본디오 빌라도의 법정에 섰던 것처럼 강증산도 고부경무청에 체포되었다. 나라가 망해갈 때 종교에 민족의식이 더해지면서 불에 기름을 부은 것처럼 그의 가르침은 번져나갔다.

강증산의 사후인 1918년 조선총독부가 조사한 〈조선의 유사종교 조사 자료〉에는 증산계열 종교의 교도는 약 1만 명이 채 되지 않는 것으로 기록되어 있다. 그러던 것이 1923년 〈조선의 유사종교〉에는 훔치교계 보천교 23,006명, 무극대도교 1,031명, 태을교 210명, 불교를 표방한 미륵불교 4,411명 등 약 3만 명 가까이로 늘어난다.

1935년 6월 7일자 동아일보에는 "조선총독부에서 유사종교단체를 엄중 취체할 방침을 세웠다. 현재 종교단체의 9할이 유사종교이며 교도는 38만으로 추정된다"는 기사가 실려 있다. 일제는 일본의 신도(神道), 기독교와 불교를 제외하고는 모두 유사종교로 규정하여 배척했다. 당시 민족종교의 교세가 얼마나 들불처럼 번지고 있었으며 일제가 얼마나 당황했는지를 보여준다. 결국 일제는 종교단체해산령을 내려 본격적인 탄압을 가한다.

증산의 사후에 그의 가르침을 따르던 신도들은 불온한 사상을 가진 집단으로 주목받았다. 1919년 증산의 제자인 차경석 등은 불온사상을 유포했다는 죄목으로 체포되었다.

조서에 따르면 "강증산이 다시 돌아와 독립을 되찾고 조선을 통치할 것이다"라는 불온한 가르침을 펼치고 국권 회복을 꾀했다는 것이다. 이후 선도교(仙道教), 보천교(普天教), 인도교(人道教) 등 강증산의 가르침을 따르는 종교단체는 일망타진의 대상이 되었다. 결국 강증산이 종교적 가르침 속에 숨겨놓은 민족의식은 민초들에게 식민지의 폭압에 맞설 수 있는 꿈이 될 수 있었다. 일제는 그 사실을 직시했다.

일제 법원자료에 등장하는 증산계열 종도의 죄목은 다양하다. 때로는 신국가건설, 불온사상유포, 사기, 비밀결사, 미신단체, 금품사취,

독립 주장 등의 죄목이 적용됐다. 1920년대 중반부터 해방에 이르기까지 30여 년을 줄곧 사찰과 체포와 투옥을 계속했지만 뿌리 뽑지 못했다. 1938년 6월 조선총독부는 사상 취체의 방침을 세워 민족적 색채가 있는 종교는 범죄 여부를 떠나 엄중히 탄압 지도한다는 정책을 발표했다.

서울대학교 종교학과 김종서 교수는 강증산의 가르침에 배어 있는 민족의식과 개혁의 정신을 이렇게 말했다.

> 민족종교로는 보기 드물게 동서양의 종교적 가르침을 모두 어우르고 있다. 국운이 흔들리던 당시 상황에서 기존의 유교와 불교만으로는 부족하며, 서양의 기독교만으로도 구원할 수 없다고 본 것이다. 동서양의 종교에 무속신앙까지 포함해 모두를 가지고 종교적 비전을 제시한 것이 강증산의 가르침이다.

믿지 않으면 종교가 아니고 믿을 수 없으면 신이 아니다. 강증산은 자신이 다시 돌아올 것임을 예고했다. 제자들도 그의 재림을 의심치 않았다.

죽음을 나흘 앞두고 그는 제자를 불러 모아 "너희들이 나를 믿느냐?" 하고 물었다. 제자들이 믿는다고 하자 다시 "죽어도 믿겠느냐?"라고 물으니 제자들도 죽어도 믿는다고 말했다. 그는 자신의 얼굴을 잘 보아두라고 했다. 왜냐하면 후일 다시 돌아올 때는 눈이 부셔서 보기 어려울 것이며, 금산사에 들어가니 보고 싶거든 그곳으로 오라는 말을 남겼다. 모악산 금산사에는 지금도 그의 가르침을 따르는 이들의 발길이 이어지고 있다.

강증산은 종교를 세우지 않았다. 촌마을에 방 하나를 얻어 약방을 열고 사람들과 만나 함께 꿈을 꿨을 뿐이다. 증산의 종교는 그가 죽어서야 시작되었다.

증산교의 교의를 세운 사람은 두 번째로 혼례를 치른 고판례(高判禮, 1880~1935)이다. 교단에 따라 태모(太母), 고수부(高首婦), 천후(天后), 고부인(高婦人), 사모(師母) 등 다양한 이름으로 불리는 증산교의 핵심 인물이다. 그는 상제(上帝)로 칭하는 강증산과 함께 신앙의 근본이 되고 있다.

강증산은 동곡약방을 중심으로 5년간 천지공사를 편 후 차경석을 만나 제자로 삼았다. 차경석은 미칠 것 같은 세상에서 동학을 거쳐 자신의 길을 모색하고 있었다. 두 사람은 첫눈에 의기투합했다.

강증산은 차경석의 정읍 집으로 잠시 거처를 옮겨 천지공사의 격식을 더한다.

차경석에게는 과부가 된 이종사촌이 있었는데 그가 고판례다. 강증산은 고판례를 둘째 부인으로 삼아 수부공사(首婦公事)를 펴니 고 부인에게 천하의 대권을 물려준 의식이라 보는 이도 있다.

고판례는 대단히 주체적인 여성이었다. 당시 시대 상황에 비추어 볼 때 그는 더할 바 없는 거침없는 언행을 남겼다. 그는 강증산 앞에서

강증산의 장례 행렬

당당히 자신을 첫째로 삼아줄 것을 요구했다. 흔쾌히 '일등수부(一等首婦)'로 정하리라는 강증산의 언약에도 다시금 그 다짐이 변함없어야 한다는 것을 강요했다.

혼례를 마치며 강증산은 고 부인에게 "이로부터 천지대업을 네게 맡기리라"고 명하니 주변에 자신과 고 부인이 똑같음을 밝혔다. 후천개벽의 시대는 약한 자와 여성을 억압하는 일이 없어야 하며, 여성이 세상을 주재할 수도 있음을 예고하는 것이다.

《선도신정경》에는 고 부인이 무당임을 드러낸 구절이 나온다. 강증산은 어느 날 사람들에게 원을 풀어주는 뜻을 밝힌 후 고 부인을 일러 이렇게 말한다. "이것이 천지 굿이니 나는 천하 일등재인이요. 너는 천하 일등무당이라." 천지공사란 곧 천지 굿이며 대업을 맡긴 고 부인은 천하의 큰 무당이라는 것이다. 이 세상은 모두의 원을 풀어주는 굿판과 다르지 않다는 선언이다. 그러니 당골이 되어 원을 풀라고 했다.

강증산의 사후 고 부인은 증산이 자신의 몸에 강림하는 강력한 신비 체험을 하게 된다. 세간에서는 증산이 부활했다는 평이 자자하여 사람들의 발길을 끌어 모았다.

증산을 따르는 종교가 생겨난 배경에 대해 성균관대 동아시아학술센터 임태홍 교수의 관점은 흥미롭다.

강증산은 새 시대가 열릴 것이라는 것을 예언한 사상가였다. 그러나 고 부인은 증산의 종교를 실제로 만든 사람이다. 그는 제자들을 끌어 모으는 역할을 했다. 죽은 증산의 신이 자신의 몸을 통해 내려오는 강력한 종교 체험을 했다. 직접 계시를 받아 갖가지 이적과 기행을 남겨 증산 사후 신앙의 중심이 됐다.

세상은 복잡한 가르침보다 단순한 기적에 더 귀를 기울인다. 강증산의 3년상을 치르고 고 부인은 증산의 생일을 맞아 금산사 미륵전에서 탄신을 기념하는 치성을 드리다가 강력한 신비 현상을 경험했다. 하늘에서 저울과 갖가지 과일이 쏟아지는 환상을 보고 쓰러져 몇 시간 동안 정신을 잃고 난 후 깨어나 차경석에게 증산의 목소리로 이야기를 건네는 이적을 보였다. 증산의 영이 강림했다는 소식이 사방으로 퍼지면서 사람들이 밀려 들었다.

고 부인은 "법은 증산께서 내렸지만, 일을 함은 내가 한다."고 하여 자신이 공사의 주체임을 거듭 밝혔다. 강증산의 유품인 약장과 물품을 모두 챙겨 자신의 거소로 옮기고 여러 차례 증산의 영을 몸으로 받아 신비한 일들을 보였다고 한다.

이때부터 고 부인 주변에는 새 세상을 원하는 사람들의 발길이 끊이지 않아 선도교(仙道教)라는 이름의 종교가 시작되었다. 교세가 커지자 차경석과 다툼을 벌이다 결국 일부 교인을 이끌고 나와 태을교(太乙教)로 이름을 바꾼다.

증산 계열의 종교는 교당보다 사람을 중심으로, 교리보다 체험을 우선하는 종교다. 그 때문에 교단은 인물을 중심으로 계속 분열되어 퍼져 나간다. 처음에는 고 부인을 중심으로 비롯했지만 강증산 주변의 여러 인물을 축으로 갖가지 교파가 등장했다.

선도교, 태을도, 훔치교, 보천교, 미륵불교, 용화교, 증산대도교 등으로 시작된 증산 계열의 종교는 지금도 100여 개가 넘는 종단이 있다고 추정된다. 그 이름도 다양해 일부만 살펴도 증산도, 증산교, 대순진리회, 증산법종교, 동도교 법종교회, 청도교, 순천교, 천인교, 임무교, 수산교, 금산교회, 삼덕교회, 증산대도교 등으로 다양하다. 그들은 전국 곳곳에 무리지어 신앙 활동을 했고 간도 땅까지 건너가 종교적 이상사회를 만들려고 애쓰며 강증산이 돌아올 것을 기다리고 있었다.

고 부인 이래 가장 강력한 교세를 떨친 이는 차경석이다. 고 부인의 인척으로 차천자(車天子)라는 별명을 가졌으며 보천교(普天敎)를 세웠다. 승승장구하던 보천교는 후에 일제 탄압의 표적이 되어 소멸하고 만다.

김형렬은 강증산의 가장 열렬한 지지자다. 동학농민혁명에 종군하다 처음 강증산을 만났고 동곡약방을 연 후에는 자신의 집으로 모셔 죽을 때까지 수발하며 섬겼다. 그는 증산이 세상을 떠나자 증산의 영을 섬겨 포교를 시작했다. 특히 금산사 미륵불로 증산이 재림할 것을 굳게 믿어 미륵불교라는 이름을 내세워 종단을 열었다. 한때 금산사 승려와 결탁하여 절 안에 간판을 걸고 포교를 하였으나 미륵불을 두고 분란을 일으키자 쫓겨나고 말았다. 그는 금산사 어귀에서 후천세계의 선경이 시작될 것을 믿어 의심치 않았다.

그밖에도 강증산의 수제자였던 문공신은 증산교 문공신파를 세웠고, 이치복은 보화교를, 김광찬은 도리원파를 세웠다.

안내성은 증산대도회를 세워 증산의 환생을 기다렸으며 박공우는 태을교를 만들었다.

일제강점기에 증산 계열의 종교가 우후죽순으로 생겨나면서 총독부의 탄압뿐 아니라 내부적인 경쟁으로 소란한 모습을 보인다. 특히 강증산의 유해를 둔 다툼은 법정분쟁까지 벌어졌다.

1929년 3월 27일자 동아일보에는 유골반환 청구 소송을 소상히 소개하고 있다. 강증산의 본부인인 정씨 부인이 관리하던 묘를 차경석이 파헤쳐 유골을 옮겼다는 것이다. 분쟁이 일어나 보천교를 반대하는 교단에서는 정씨 부인을 내세워 유골반환 소송을 냈고 결국 차경석은 패소하고 만다.

고 부인과 차경석 외에 다른 종단은 크게 포교에 힘을 기울이지 않았다. 단순히 치성을 하며 증산의 재림을 조용히 기다리는 입장이었다. 이런 모습은 일제강점기를 지나 지금까지도 이어진다. 최소한 60여 개에서 많게는 100개가 넘는 종단이 있었지만, 한두 개 종단을 제외하고는 소리 소문 없이 조용히 지내오고 있다.

보천교가 사라진 후 증산 계열의 종교들은 큰 움직임 없이 산발적으로 활동한 것으로 보인다. 그러나 해방이 되고 한반도의 운명이 급변하자 모악산 일대는 다시 증산 계열 종교의 성시를 이룬다.

강증산의 무덤을 성역화하여 모시고 있는 증산법종교 이상홍 사무국장은 어릴 적 본 경험을 이렇게 말했다.

> 정말 많은 종단이 있었다. 수천 명의 신도가 함께 살면서 수도하는 집단이 수십 개가 있었다. 그때는 대단해서 교세가 하늘을 찌를 정도였고 6·25 전후에 절정에 이르렀던 것 같다. 이 일대는 오나가나 모두 증산교를 믿는 신도들밖에 볼 수 없었다. 요즘엔 몇몇 종단만 남아 있고, 많아야 수십 명이 남아 명맥만 유지할 정도로 교세가 미약해졌다.
> 시대에 맞는 교리와 신앙체계를 만들어내지 못하니 널리 포교가 되지 못하는 실정이다.

강순임은 강증산의 본부인인 정씨로부터 얻은 유일한 혈육이다. 어릴 적에 아버지를 잃고 세상의 고초를 다 겪다가 목숨을 끊으려 할 때 부친의 소리를 들었다고 한다. 일제강점기 이곳저곳을 떠돌며 강증산의 상을 모시고 치성을 드리다가 해방 후 오리알터에 자리를 잡고 증산선불교(甑山仙佛敎)의 교단을 열었다. 강증산의 묘인 영대를 중심으로 교세를 펼치다가 지금은 증산법종교로 이름을 바꾸어 이어지고 있다.

증산 계통의 종단 중 서백일의 용화교는 세상에 물의를 일으키기도 했다. 서백일은 금산사 미륵불로 다시 오리라는 강증산의 유언을 들어 미륵신앙을 표방해 신도를 모았다. 미륵이 이 땅에 와 만드

는 세상을 용화세계라 하는데 모든 고통
이 사라지고 소원이 성취되는 지상천국이
다. 용화교는 강증산의 가르침을 따라 그
이상세계를 지향하는 종교를 표방했다.
6·25전쟁 와중에 금산사 일대와 전주에
서 엄청난 교세를 떨쳤다. 해방과 전쟁의
혼란 속에서 그의 종말론은 곳곳으로 번
져가고 있었다. 서백일이 불미스럽게 죽
은 후에 뿔뿔이 흩어진 신도들은 지금도
곳곳에서 도를 닦고 있다. 조용히 그들만
의 용화세계가 이루어지기를 기다리고 있
는 것이다.

증산의 친필 태을주, 동곡
약방 오른쪽 뒤편 기둥에
증산이 직접 그린 태을주

　서울대 윤이흠 명예교수는 종교의 지나친 신비화가 갖는 맹점을
지적했다.

　　증산 계열의 종교는 개인적인 신비 체험을 강조한다. 증산의 제
　　자들 역시 증산의 사상을 정확히 전달하기보다 자신이 본 것만
　　강조해서 전했다. 자기 체험을 중시해서 활동하다 보니까 종파
　　가 많아졌다. 종교는 일정부분 신비의 영역을 갖지만, 너무 그
　　쪽으로 치닫고 기복과 손잡으면 종교성이 흩어지는 결과를 낳
　　고 만다.

강증산의 가르침은 민족의 수난기에 나와 발전해갔다. 곧 망할 것 같은 세상 속에서 빛과 희망을 전하려 애썼다. 닥쳐올 불분명한 미래는 그야말로 두려움이다. 모르기 때문에 두렵고 두려우니 절망한다. 증산은 늘 "마음을 놓으라."고 했다. 우리 앞에 놓인 것은 파멸도 아니고 지옥도 아니라고 가르쳤다.

증산을 따른 이들은 저마다 자신의 방식으로 이상사회를 꿈꿨다. 더러는 실패했을 수도 있고, 더러는 민중을 우롱하였을 수도 있지만, 중요한 것은 악몽 같은 상황 속에서 백일몽일지언정 꿈을 주었다는 것이다. 누군가의 말처럼 미쳐버렸을지도 모를 현실의 지옥에서 사람들을 구해낸 것이 강증산이 건네준 종교의 꿈이다.

지상천국의
나라를 꿈꾸다

보천교 차경석

차경석(1880~1936)

차경석은 스스로 천자(天子)가 된 사람이다. 부친은 동학군의 장령으로 우금치 전투의 선봉에 섰으나 관군에 잡혀 화형 당했다. 차경석도 부친과 연루되어 한 번, 영학계 민란을 주도한 죄목으로 또 한 차례 사형선고를 받는 등 구사일생의 곡절을 겪은 이다. 그런 인연으로 그와 그의 가족들은 동학이나 민란 등에 엮이는 일을 크게 경계했다.

피해갈 수 없는 조화인 냥 주막집에서 우연히 강증산을 만난 후 그의 새로운 운명이 결정됐다. 제자가 된 후 그의 집에 증산을 모시고 이종사촌인 고판례를 강증산의 수부로 맺어주었다. "오직 도를 통해서만 세상을 구할 수 있다."는 가르침과 월곡(月谷)이라는 호를 받았고, 증산은 그를 통해 동학을 따르다 세상을 뜬 이들의 원을 풀기위한 공사를 했다한다. 강증산의 행적중 특히 중요하다 여기는 신세계 조화정부의 천지공사가 차경석의 집에서 이루어졌다. 원한의 선천세계는 끝나고 비로소 지상극락이 이루어지는 신세계가 열리는 운도를 집행했다는 것이다.

증산이 죽은 후 차경석은 특유의 수완을 동원해 크게 교세를 일으켰다. 일제강점 하에 차경석의 위세는 대단했던 것으로 전해진다. 그는 시국(時國)이라는 국가의 건국을 선언했고 스스로 황제의 자리에 올랐다. 일제의 억압을 교묘히 이용하여 조직을 만들어 전국에 그의 교세가 미치지 않는 곳이 없었다. 총독부 통감까지 그를 방문하여 비밀회동을 했을 정도로 실세임을 인정하고 있었다.

차경석의 사진, 1929년 7월 24일 취조를 위해 정읍경찰서에
들렀을 때 촬영된 그의 유일한 사진이다.

　　절망의 시절에 그는 종교를 통해 민족 독립을 위한 저항을 암암리에 지원했다.
좌우이념을 가리지 않고 일본에 맞서는 정치단체라면 지원을 아끼지 않았다. 청
산리 대첩의 김좌진 장군 뿐 아니라 독립운동 단체에 군자금을 대주었고, 일제
하 국산품 애용을 통한 경제 자립운동인 물산장려운동도 보천교의 주도로 시작
됐다. 고당 조만식은 보천교의 주요 간부로 교단의 대외 활동에 깊숙이 관여하고
있었다. 차경석은 종교운동 뿐 아니라 독립을 위한 정치적 지원과 민족운동 등에
광범위한 영향력을 행사하고 있었다. 당시 대부분의 민중들은 일제에 강한 거부
감을 갖고 있었고 민족과 독립을 앞세운 보천교에 깊이 공감했다.

호남에 도인이 났다는 소식은 강증산에 이어 차경석에 까지 고스란히 계승됐다. 전국 방방곡곡에서 도인을 만나기 위해 정읍땅으로 몰려왔다. 당시를 기억하는 이들은 집회가 있는 날이면 흰옷을 입은 사람들이 인산인해를 이루었다고 증언하고 있다. 차경석은 이들에게 생업을 열어주기 위해 각종 농기구 공장과 직물공장 등을 세웠다. 교단 중심지에 일종의 중농상 일치의 경제체계를 갖추었다.

보천교의 몰락은 종교적 이유보다는 일제의 압박과 분열책이 성공했기 때문이다. 일제는 만만치 않은 보천교를 직접 탄압하기보다 교인들과 일부 간부를 회유하여 분열을 기도했다. 보천교 중심교당인 십일전 건립 자금을 문제 삼아 횡령 혐의 등으로 끈질긴 압력을 가했다. 뿐만 아니라 조선인 밀정과 순사를 본거지에 주둔시켜 끊임없는 감시와 겁박으로 교단의 수족을 잘라냈다. 완성된 십일전은 사용금지처분을 내려 한 발짝도 들어설 수 없도록 했다. 어린 나이에 그의 임종을 지켜본 차경석의 3남은 부친의 죽음을 분사(憤死)로 표현했다. 생아편을 삼켜 자진했다는 측근의 회고담도 있었다.

일제는 생전의 차경석 뿐 아니라 그의 죽음까지도 두려워했다. 시신을 탈취하여 임의로 장사를 지냈을 뿐 아니라 그 무덤마저 콘크리트로 덮어버렸다. 그의 세 아들은 모두 유학을 빙자하여 일본으로 데려가려 했으나 차경석 부인의 강렬한 저항으로 뜻을 이루지는 못했다. 차경석의 죽음으로 보천교는 와해의 길을 걷는다. 메시아는 사라졌고 그가 세운 천자의 나라 시국은 흔적조차 없어졌다. 그러나 그가 제시한 지상천국의 가능성과 실질적인 행동방식 등은 후대의 종교와 사회에 깊은 영향을 미치게 된다. 그래도 한 때 일본에 침략당한 나약한 조선이 아니라 중국과 일본마저 복속시킬 미래의 나라에 대한 꿈은 민족의 상처 난 자존심을 위로하고 있었다.

　　보천교주 차경석(1880~1936)은 철저히 잊혀진 사람이다. 일제강점기 민중에 대한 그의 영향력은 매우 지대해 누구도 따를 이가 없었다. 단순한 종교 지도자를 넘어 새로운 국가의 건립을 천명하고 자신을 중국과 일본과 조선의 천자로 내세웠다. 그는 시대의 어려움 속에서도 상상할 수 없었던 일을 드러내 행한 사람이다.

　　차경석의 부친 차치구(車致九)는 동학의 접주였다. 친구인 전봉준의 간곡한 권유로 2차 거병 때 장령격(將領格)으로 농민군을 이끌고 참전했다. 동학의 감계에는 정읍 서면 대흥리에서 선봉을 맡았다고 기록되어 있다. 우금치 전투에서 패하자 몸을 피했지만 밀고로 잡혀 44세의 나이에 화형당했다. 그때 15세의 차경석은 밤에 홀로 형장으로 가 부친의 시신을 수습하여 장사를 치렀다고 한다.

　　차경석 자신도 관헌에 잡혀 두 차례나 사형선고를 받았던 인물이다. 첫 번째는 아버지의 일로 복수할 것을 두려워한 흥덕 군수에게 사형을 선고받았다가 집행 직전에 겨우 살아났다. 그 일 이후 차경석도 동학에 입도하게 된다. 흩어졌던 동학의 잔당들이 다시 모이던 때라 민심이 예사롭지 않았었다.

　　차경석은 흥덕에서 영학계(英學契) 민란에 주도적으로 봉기를 이끌다가 다시 한 번 체포되고 말았다. 그는 난의 주범이란 죄로 사형을 선고 받았으나 우여곡절 끝에 방면됐으니 두 번이나 죽었다 살아난 셈이다.

1907년은 그에게 운명의 해였다. 토지를 둘러싸고 집안의 송사가 있자 차경석은 고발장을 들고 전주에 가다가 우연히 금구의 주막에 들렀다. 그곳에서 강증산을 만났다. 이런저런 이야기 끝에 송사 문서를 보고 강증산은 차경석을 타일렀다.

"네게 유리한 송사다. 하지만 이기면 피고인 집안 열한 식구의 살길은 사라진다. 남아는 사람을 죽이는 길이 아니라 사람을 살리는 길을 걸어야 한다."

증산의 설득에 감복하여 즉시 문도가 되기를 청했으나 받아들이지 않았다. 증산의 숙소까지 찾아가 간청하니 겨우 허락을 받았다.

집으로 돌아오자마자 차경석은 가족들을 불러모아 정황을 설득했다.

"돈이 크냐? 사람의 목숨이 크냐? 나는 사람의 목숨을 죽일 수 없어 송사를 포기하고 돌아왔다."

그의 말에 동생들은 크게 분노했다. 동학에 빠져 집안이 망했는데 이제는 또 무엇에 미쳤냐는 것이다.

차경석은 강증산을 집으로 모셨다. 증산은 그의 집을 포교소라 명하고 한 달간 머물며 차경석에게 가르친 것은 "오직 도(道)를 통해서만 세상을 구할 수 있다."는 단 한 가지였다. 그리고 차경석에게 월곡(月 谷)이란 이름을 지어주었다.

증산이 그의 집에 머물자 몇 차례나 소란이 있었고, 결국 그것이 발단이 돼 일본 헌병의 조사를 받는 지경까지 이른다. 그럼에도 증산은 차경석을 신임했다. 차경석의 이종동생인 고판례를 후처로 삼고 죽기까지 3년 동안 줄곧 그를 곁에 두었다. 증산은 차경석을 병부로 세워 동학을 따르다 원을 품고 죽은 자들의 원을 풀어주는 해원공사를 했다고 한다.

1909년 증산이 죽고 나자 수부(首婦)로 일컫던 고판례를 중심으로 교가 일어나자 차경석도 적극 도왔다. 교세가 커지면서 중심이 차경석에게 쏠리니 고판례는 따로 갈라져 나가게 된다. 그때부터 차경석은 증산의 교통이 자신에게 전해졌음을 내세워 무리를 이끌고 교주가 되었다.

여기까지가 보천교(普天敎)를 일으킨 차경석의 삶의 전반이다. 보천교는 차경석의 삶과 시대적인 배경을 떼어놓고는 이야기할 수 없다. 그가 살아온 고난과 당대의 역사가 보천교를 만들었고 이후의 활동을 규정한다.

처음에는 그를 따르던 무리들로 이루어진 종교집단에 불과하여 이름이 달리 없었고, 고판례가 내세웠던 태을교(太乙敎)나 선도교(仙道敎)라는 이름으로 불릴 뿐이었다. 후에 차경석은 보화교(普化敎)라는 교명을 내세웠지만 세상에는 보천교로 더 알려졌다.

증산 사후 차경석을 중심으로 걷잡을 수 없을 만큼 교세가 번창하자 보천교에 대한 감시가 시작됐다. 당시 보천교는 반일의 색채를 드러내 놓고 밝히고 있었다. 일본은 곧 망할 것이고 조선·중국·일본을 아우르는 나라가 탄생하며, 차경석이 천자(天子)가 될 것이라는 믿음이 민중들 사이에 퍼졌었다.

전남대 사학과 윤선자 교수는 상황을 이렇게 설명한다.

당시에 가장 어필할 수 있는 것이 민족이라는 명분이다. 나라가 망했으니 민족이 중심적인 이데올로기가 됐다. 민족을 내세우지 않으면 교세를 확장할 수 없었던 때이기도 했다. 보천교도 역시 민족을 내세우고 있었다.

새로운 국가를 세우겠다는 보천교의 가르침은 절대적인 지지를 받았다. 개인의 수도를 강조하던 강증산과 달리 차경석은 동학과 일진회를 경험한 조직의 수완가였다.

일제의 감시 속에서 신도들을 24방위에 따라 방주제(方主制)를 만들어 조직하고 방주의 책임 아래 교무를 분담하도록 하였다. 조직을 분산하여 자유롭게 확산할 수 있도록 조처한 것이다. 이 제도는 일제의 본격적인 탄압이 시작되자 빛을 발한다.

1917년에 신도가 금전 사기죄로 차경석을 고소하여 10일 동안 구속돼 조사받는 일이 발생했다. 증거 불충분으로 석방됐지만 그는 일제의 감시가 심해질 것을 예감했다. 차경석은 곧 각 방면의 방주와 간부를 불러모아 감시를 피해 길을 떠날 뜻을 밝혔다. 이때부터 보천

차경석이 죽자 일제는 보천교 교당인 십일전 건물을 땔감과 목재로 처분하였다. 그 일부를 사들여 지
은 조계사 대웅전 건물. 조계사 대웅전은 십일전 건물의 약 1/6 크기이다. 초창기 조계사 대웅전 건물
에 십일전 현판이 그대로 걸려있다.

교의 교세는 차경석의 도피 행로를 따라 전국적으로 번져나가기 시작한다. 일제가 건드린 불씨가 사방으로 튀어 걷잡을 수 없는 불길이 된 것이다.

보천교의 영광과 수난의 역사는 이때부터 시작됐다. 3·1 운동 직후 결국 24개의 조직은 60개로 늘어났다. 1921년 4월 26일자 동아일보는 보천교에 대한 대대적인 검거 소식을 실었다.

> 4년 전 제주도 의병사건의 수령인 차경석을 교주로 삼아 은밀히 국권 회복을 도모하되 교도가 55,000명에 달하면 일제히 독립운동을 일으키고자 하는 일종의 배일 음모 단체로서 주모자는 조선 전국을 돌아다니며 교도 모집에 분주하되 특히 산간지방에 있는 사람들을 모아서 세력이 매우 성대했다.

기사는 이어서 원산경찰서 관하에만 실제 교도가 수만 명이며 이들이 독립적립금을 걷었다는 사실을 적고 있다.

그해에만 동아일보와 조선일보에 보천교 관련 단체와 인물에 대해 십여 차례나 독립운동의 무리로 대검거에 나섰다는 기사가 실렸다. 검거를 부른 활동의 요점은 두 가지였다. 첫째는 조선이 독립할 것이라는 사실을 퍼뜨렸다는 것이고, 둘째는 실제로 돈을 모아 독립자금으로 보내고 있었다는 사실이다.

1921년은 보천교뿐 아니라 조선의 민중들에게 역사적인 사건이 일어난 해다. 일제의 수배령과 감시를 뚫고 9월 24일 경남 함양군 황석산에서 하늘에 제사를 올려 창교와 건국을 선포했다. 나라의 이름은 시국(時國), 교명은 보화(普化), 스스로 천자(天子)임을 선언한 것이다. 일본과도 다르고 조선과도 다른 새로운 나라가 이 땅에 세워졌다. 일본은 조선의 머슴으로 일하다 물러날 것임을 천명했다.

차경석은 일경의 감시를 뚫고 수천 명의 신도와 함께 유유히 제사를 올리고 감쪽같이 빠져나가 버렸다. 일경을 매수하고 한편으로 역정보를 흘려 감시를 무력하게 했던 차경석의 계책이 성공한 것이다. 이 사건은 민간에 여러 가지 신비한 이야기를 낳아 급속히 번졌다. 종교적인 신비주의와 독립에 대한 갈망이 만나 보천교의 교세는 걷잡을 수 없이 확장된다.

1925년 조만식은 보천교도들과 함께 정의부(正義府) 군자금 모집 사건으로 검거돼 재판을 받는다. 경성법원의 재판기록부에 따르면 그해 조만식은 만주에서 돌아와 정읍으로 가 차경석을 만나 군자금의 일부를 받았다. 이후 권총 두 자루와 실탄을 반입해서 군자금을 모으려다가 체포된 사건이다. 차경석도 수배령이 내렸지만 소재 불명으로 기소가 중지되고 만다.

이 무렵 이와 유사한 사건이 곳곳에서 발생하였다. 1924년 4월 26일 종로경찰서는 공산주의 단체인 형평사혁신동맹에 차경석이 돈을 댔다고 보고했다. 그해 11월 26일 만주국 관동청(關東廳) 경무국은 차경석이 김좌진의 군자금을 지원한 사건을 조사해 보고했다. 공산주

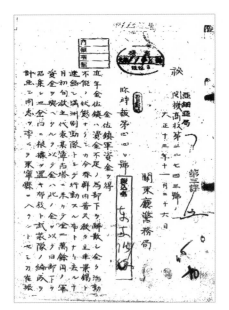

자금부족으로 활동 불능상태에 빠진 김좌진에게 보천교주 차경석이 군자금을 대주어 다시 활동하게 됐음을 기록한 만주국 관동청 경무국 비밀문서

의 운동을 이끌던 김철수는 후일 회고록에서 보천교의 자금을 받았다는 사실을 밝혔다.

수배에도 불구하고 결정적으로 차경석은 체포되지 않았다. 소재를 파악할 수 없다는 것이 표면적인 이유였다. 그는 전국 곳곳에 숨어 다니면서 포교와 함께 독립을 주장할 뿐 아니라 직접 돈을 모아 독립자금을 대고 있었다.

보천교는 좌·우익을 막론하고 선이 닿는 모든 독립단체에 자금을 지원하고 있었다. 독립을 원하는 대의라면 다른 차이는 하찮은 것일 뿐이었다. 1922년 전남 고흥에서 경찰과 난투극을 벌인 사건이 발생하자 일제는 이를 빌미로 소요죄, 보안법, 직무방해, 치안법 위반 등의 죄목으로 보천교에 대해 적극적인 검거와 탄압을 시작했다.

교주의 잠행과 탄압 속에도 보천교는 공개적인 활동을 시작했다. 1922년 출판사 보광사를 만들었고 이듬해부터 기관지《보광(普光)》을 발행하여 교의를 전면에 선포하기 시작했다. 그리고 1924년에는 최남선의 시대일보 주식을 인수해 실질적인 운영에 나섰다.

《보광》 제1호는 미신으로 매도하는 일제의 주장을 다음과 같이 반박했다. "우리 교인은 조선 사람이니만큼 민족이 전통적으로 믿어온 신념을 따르고 있다. 조선인이 보편적으로 믿어온 것을 신념이나 교리는 아니다. 세간에서 미신을 우리 교에 전가시키려는 것은 고의적인 곡해다."

검거에는 독립을 예언하며 민중의 신망으로 맞섰고, 언론을 통한 여론조작은 잡지와 신문의 발행을 통해 대응하고 있었다. 보천교는 조선민중의 가슴에 박힌 화근이자 일제의 골치거리로 들불처럼 번져 갔다.

민중의 마음은 억누르면 튀어 오르고 덮으면 퍼져나간다. 보천교가 조선 곳곳에 급격히 교세를 확장한 근간에는 일제의 탄압이 있다. 나라가 사라지고 의지할 곳이 없어진 백성들은 보천교가 내세운 새로운 건국에 꿈을 싣고 있었다. 차경석은 이미 세간에서 차천자라는 이름을 확고히 얻어가고 있었으며, 이미 새로운 나라의 주인공이 되고 있었다.

보천교에 쏠린 관심은 민중들의 독립운동 차원이었다. 강증산이 예언한 민족의 운명과 미래를 실제 집행할 대행자를 주장하며 나선 이 중 하나가 차경석이다. 새로운 왕국이 세워졌고 차경석이 황제가 된다는 신앙이 일반인들 사이에 널리 퍼져가고 있었다.

한국종교학회 김탁 박사의 설명이다.

보천교는 실제로 신도들의 성금을 독립적립금이라는 명목으로 걷고 있었다. 독립이라는 대의명분에 열광한 조선 백성들이 기꺼이 보천교에 성금을 바치는 일이 늘어났다. 일제는 보천교인을 대상으로 금전사취사건으로 고발하는 일로 맞섰다.

1923년 1월 8일자 동아일보는 황해도 사리원에서 보천교 선포사를 붙잡아 돈을 모은 죄목으로 조사했다는 내용을 보도했다. 죄목 중 하나는 단발령으로 깎은 머리를 다시 기르게 하여 상투를 틀게 했다는 것이다. 보천교인은 사사건건 식민정책을 조롱하고 있었던 것이다.

강증산이 금산사 아래 오리알터를 중심으로 몇몇 제자에게 가르침을 폈던 반면 차경석은 전국에서 교도들이 밀려왔다. 1922년 조선총독부 경무국에서는 보천교의 신도 수를 대략 100만 명으로 파악했다.

보천교 본산이 있던 전라북도 정읍시 입석면 대흥리에는 방방곡곡에서 이주해온 신도들로 대규모 마을이 형성됐다. 대흥리 주민의 대부분은 보천교도의 후손들이다. 마을 주민 중에는 아직도 당시의 일을 생생히 기억하는 이들이 많았다.

대흥리 주민 배규화(85) 옹은 이렇게 증언한다. "인근에는 모두 보천교인만 살고 있었다. 나의 부친도 교를 믿으러 대구에서 이곳에 와 정착했다. 같은 교인이던 모친과 혼인을 하고 여기서 나를 낳았다. 교

1929년 7월 24일자 동아일보 보도 정읍경찰서에 출두하는 차경석에 대한 기사

주는 전국에서 몰려오는 사람들을 위해 장터거리를 만들어줘 생업도 하면서 교를 믿고 살도록 했다."

오가는 사람으로 일대는 늘 성시를 이루었으며, 교가 번성할 때는 1,000여 가구가 교당을 중심으로 살고 있었다고 전한다.

인근마을 마석리 주민 남도희(91) 옹은 당시 사정을 이렇게 말한다. "바로 옆인 우리 동네에는 보천교인이 하나도 없었다. 대흥리에는 거의 대부분 타지 사람이 왔다. 무슨 날이 되면 멀리 경상도 하동, 함양, 경주에서부터 강원도 할 것 없이 전국에서 몰려와 길을 가득 메웠다. 걸어서 여기까지 왔다가 또 돌아갔다."

노인들은 차경석이 당당한 풍채와 위엄을 갖추고 있었다고 전한다. 문에 서면 건물 전체를 꽉 채울 정도여서 일제 관리와 경찰도 머리를 숙이고 눈을 피했다는 것이다. 새 세상의 주인공이 되기에 충분한 용모였다.

1923년 8월에 발행된 《개벽》 제23호에는 차경석의 인상기가 실려 있다. 진주 출신의 필자는 보천교에서 상투를 틀고 조선 옷을 입지 않으면 만나주지 않는 까닭에 가짜 상투를 달고서 겨우 차경석과 만났다. 그의 외모에 대해 "머리에는 통천관을 쓰고 의복은 순전히 조선에서 난 것만 입고 있으며, 과연 인격이 있어 보여 여럿이 받들 만하다."고 적고 있다. 이어 대화를 마친 후 이런 평가를 내린다.

"세상 사람은 차씨를 일개 미신가이며 또한 무식한 자로서 어리석은 자들을 유혹하여 금전을 사취하는 자라고 한다. 그러나 내가 보기에 그는 그렇게 무식한 이가 아니다. 비록 현시대의 지식은 모자란다 할지라도 구시대의 지식은 상당한 소양이 있다. 그의 엄격한 자태와 정중한 말은 능히 사람을 감복케 할 만하다. 그는 한갓 미신가가 아니라 상당한 식견이 있다."

보천교와 경쟁관계였던 천도교의 기관지에 실린 기사란 점을 감안하면 차경석의 인품에 대해 어느 정도 객관적으로 판단할 수 있을 것이다.《개벽》은 줄곧 보천교를 비판하는 기사를 싣고 있었음에도 정작 차경석에 대해서는 경외의 기사를 싣고 있었다.

물산장려운동은 보천교의 민족중심주의를 잘 드러낸다. 민족경제를 살리기 위해 전개된 물산장려운동은 '조선사람, 조선 것'을 표방하고 나선 대표적인 민족생존권 운동이다. 1922년 조만식을 중심으로 평양에 조선물산장려회가 세워지고 1923년 정월부터 본격적인 활동을 개시하며 애국계몽운동의 선두 역할을 한다.

독립운동에 헌신했던 조만식이 보천교 간부로서 내각기구에 해당하는 육임의 직을 맡고 있었던 증거도 보인다. 그가 보천교의 핵심 인물이라는 것이다. 1923년 2월 13일 동아일보는 보천교에서 음력 초하루부터 물산장려운동에 참여할 것을 발표했다고 보도했다. 최근 학계의 연구는 보천교가 물산장려운동의 핵심 역할을 했다는 것을 밝히고 있다.

차경석은 교단의 중심지인 대흥리 일대에 자급자족의 경제기반을 조성한다. 일본산 옷감을 쓰지 않기 위해 직물공장을 만들고 염색공

장까지 세웠다. 농기계 공장을 비롯해서 생업과 관련된 물품은 모두 조선의 것으로 쓴다는 것이 보천교의 기본적인 방침이다. 농촌지역에 어울리지 않게 근대 공장시설이 많은 것이 이 지역의 특징이다.

1920년대를 기점으로 보천교의 대사회적인 움직임이 커져가자 일제는 적극적인 와해공작을 펼쳤다. 보천교 신도에 대한 대대적인 검거와 함께 한편으로는 언론을 이용해 사교라는 점을 강조하고 다른 편에서는 친일을 유도하며 회유했던 것이다. 민중으로부터 보천교를 떼어놓기 위한 술책은 서서히 효과가 나타나고 있었다.

항간에는 조선 총독 사이토가 보천교 본부를 방문했다는 소문과 아사요시 경무국장도 비밀리에 차경석을 만나러 왔다는 이야기가 널리 퍼지고 있었다. 보천교의 위상이 높아졌다는 점을 강조하고 있지만 친일에 대한 의혹을 퍼뜨리는 데도 기여했다.

강증산은 생전에 차경석에게 예언 같은 말을 남겼다.

"너는 집을 크게 짓지 마라. 그러면 네가 죽게 된다."

운명을 거슬리려는 듯 차경석은 1925년 1월부터 중심교당인 십일전(十一殿) 건설에 나섰다. 이미 건국을 선포한 시국(時國)의 궁전을 건설하려는 것이다. 차츰 조여 오는 탄압에 대한 돌파구가 필요했기 때문이다.

당시 민간에는《정감록》등의 비결과 예언서가 팽배해 있었다. 특히《정감록》《징비록》에 실린 '진사성인출(辰巳聖人出)'의 구절은 곧 닥칠 기사년(己巳年, 1929년)에 일어날 일로 믿어졌다. 진사년에 성인이

정읍에 남아있는 차경석의 묘

출현한다는 것이다. 십일전 신축과 맞물려 기사년 기사월 기사일에 새로 지은 궁전에서 천자로 오른다는 소식도 퍼져갔다.

십일전은 당시 조선에서 가장 큰 건물이다. 1만 여 평(33만m^2)의 부지에 건평 350평(1155m^2), 높이 99척(30m), 가로 30m, 세로 16.8m에 이르러 패망한 조선왕조의 정전인 근정전보다 두 배나 크고 화려했다.

십일(十一)은 흙 토(土)자를 나타내니 보천교에서 말하는 세상의 중심이다. 그러나 차경석은 그 건물에 한 발도 들여놓지 못했다. 일제는 건축 당시부터 시비를 일으켜 1929년 십일전이 완공된 후에도 건물 사용을 불허했다. 결국 교단의 재산을 쏟아 붓고 사용은 하지 못하게 되니 일제가 의도한 함정에 빠진 것이다.

시대일보의 인수가 실패로 끝나고 안팎으로 벌린 교단의 사업이 지지부진하면서 일제의 이간책이 성공하게 된다. 핵심 인원들이 혁신회를 발족하여 내분을 일으키고 일각에서는 차경석을 암살하려는 움직임도 일어났다. 교리를 둘러싸고 신파와 구파로 갈라지고 만다. 보천교에서 떨어져나온 신도들은 강증산을 교조로 삼는 다른 종단을 설립했다. 동화교와 수산교, 삼성교 등으로 교단이 분열되고 있었다.

기다렸다는 듯이 언론은 악의적인 기사를 쏟아냈고 경찰은 보천교 본소에 주둔하며 출입자를 일일이 감시했다. 활로가 사라져갔다.

결국 1936년 3월 10일, 57세를 일기로 차경석은 세상을 떠난다.

당시 아홉 살의 나이로 임종을 지켜본 3남 차봉룡(87) 옹은 이렇게 증언한다. "부친은 분사하셨다. 일제가 교를 억압하고 눈앞에 교당을 다 지어놓고도 들어가지 못하니 어찌 억울하지 않았겠는가. 수족을 잘라 조선이 망할 때와 똑같은 형국이었다. 화를 삭이지 못하시고 병이 들더니 별 말씀을 남기지 않고 돌아가셨다."

일부에서는 병이 깊어 회복의 기미가 없자 스스로 생아편을 삼켜 자진했다는 주장도 있다.

차경석의 갑작스런 죽음을 두고 인파가 몰려들자, 일본 경찰은 유구를 빼앗다시피 하여 인근 산에 묻고 콘크리트로 덮어버렸다. 민중의 가슴 속에 차천자로 되살아나는 것이 그만큼 두려웠던 것이다. 해방 이후에야 겨우 봉인을 깨고 그 곁에 묘소를 만들 수 있었다.

일제는 그의 어린 세 아들도 일본으로 유학 보낸다는 명목으로 볼모를 삼으려 했다. 마치 대한제국 왕족을 일본으로 납치하여 황화교육을 한 것과 비슷한 예이다. 어머니의 결사적인 반대로 일본유학은 무산되었고 대신 차경석의 조카 한 명을 일본으로 데려가고 만다. 후에 그의 큰아들은 주역의 대가로 동양학 관련학자들이 배움을 구한 재야학자로 유명했다.

일제는 교단을 강제 해산하고 재산을 공매처분한다. 십일전은 해체돼 땔감으로 팔려가고 나머지 재목의 일부는 당시 돈 500원에 팔려 지금의 조계사 대웅전으로 다시 지어졌다. 건물은 3분의 1로 줄어든 모습이 됐다. 십일전 입구의 보화문(普化門)은 내장산 대웅전에 쓰였다가 2012년 화재로 소실되고 말았다.

지상천국의 나라 시국(時國)도 사라지고 보천교도 사라졌다. 지금 보천교 본당에는 1년에 네 차례 제사가 있을 뿐이다. 멀리 강원도와 경상도에서 겨우 맥을 지켜가는 15명 남짓한 간부 신자만이 참석한다. 묻어버리기엔 아까운 식민지 민족의 자각이 조용히 스러지고 있다.

홍익인간
이화세계

대종교 나철

홍암 나철

나철(1863~1916)

나철의 본명은 나두영(羅斗永)이며 나인영(羅寅永)으로 개명한 바 있고, 호는 홍암(弘巖)이다. 여타 종교의 창종자들과 달리 그는 조선의 최고 지식인과 관료 출신이다. 조선말 과거에 급제하여 입직사관으로 고종의 총애를 받았다. 국운이 쇠하자 그는 수차례에 걸친 고종의 만류에도 불구하고 벼슬을 물리고 귀향했다.

을사늑약 직전 비밀결사를 만들어 일본으로 건너가 동양 평화를 위한 단식 농성을 하는 등 민족주의 운동에 매진했다. 그 무렵 나철은 백두산 진인을 만나 민족얼에 대한 영감을 얻은 것으로 알려졌다. 일사늑약이 체결된 후 민족반역자를 처결하려 이완용 등 을사오적에게 폭탄을 보냈으나 실패했다. 그 대가로 10년 유배형을 받아 넉달 만에 고종의 사면을 받았다.

나철은 민족을 살리며 나라를 되찾는 길은 단군 중심으로 민족정신과 얼을 지키는 데 있음을 주창하여 1909년에 단군교를 세웠고 후에 대종교로 이름을 바꾸었다. 대종교는 창종 당시부터 일제의 주목을 받았다. 철저하게 무시와 억압을 받아 국내에서의 종교 활동이 거의 불가능할 지경에 이르렀다. 단군 중심의 민족주의를 내세운 터라 일제는 대종교를 종교를 빙자한 조선독립 불온사상가들의 온상으로 파악한 것이다. 결국 1915년 10월 1일 조선총독부령으로 종교 포교에 대한 규칙을 선포하면서 대종교에 포교금지령을 내렸다. 이후 국내에서는 비밀결사의 형태로 숨어 집회를 진행할 수밖에 없었다. 그 비밀결사의 일원이 우리말의 근본을 지키고 연구하는 '조선어학회'였다.

국내에서 대종교 활동이 원천봉쇄 되자 근거지를 만주로 옮겨 실질적인 무장투쟁과 병행하여 활동을 전개했다. 대종교의 무장투쟁활동은 일정부분 성과를 거두었다. 독립투쟁사에 빛나는 청산리 전투도 대종교인 전투요원이 다수 참여하여 이뤄진 전과이다. 그러나 대종교의 위세가 커지자 길림성장인 장작상은 일제와 결탁하여 1926년 만주에서 대종교 포교금지령을 내린다. 대종교는 그야말로 탄압 앞에서 폭풍우 속의 등잔마냥 민족얼을 근근히 지켜가고 있었다.

1940년대에 이르자 일제는 대종교를 반국가단체로 규정하여 본격적인 탄압을 시작했다. 1942년 대종교의 '단군성가' 가사말을 빌미삼아 조선어학회사건을 일으키고, 대종교 지도자 다수를 체포한 임오교변을 일으키고 만다.

이 모든 탄압에 앞서 나철은 대종교를 종교로 인정받기 위해 총독부에 탄원을 보내는 등 부단한 노력을 기울였다. 하지만 일제는 냉담과 탄압으로 대종교의 싹을 끊으려할 뿐이다. 나철은 1916년 일본왕과 국회에 장문의 편지를 보낸 후 구월산 단군성전을 참배하고 자결로써 순절했다.

민족의 얼을 지키는 한 그 민족은 결코 망하지 않는다는 것이 대종교의 정신이다. 그리고 언젠가는 밝은이가 다시 와 이 민족의 앞길을 환히 이끌 것이라 전망했다. 광복 후 대한민국 종교 제1호 등록종교였으며 한때 4대종교로 꼽히던 대종교의 명맥은 서서히 희미해져가고 있다. 다만 대종교의 경전인 삼일신고, 신단실기 등은 타 종교에서 원용하기도 한다. 대종교는 빛을 잃고 있지만 배달 얼을 지키자는 나철의 호소는 지금 이 순간에도 절실하게 살아있다.

무악재 너머 인왕산의 북쪽 얼굴이 연이어 보이는 홍은동 산 위에 대종교 총본사가 있다. 교당은 재개발을 앞둔 산 아래 개미마을의 모습만큼 낡고 지쳐 있다. 일요일이면 50명가량 신도가 모여 종교행사인 경배를 하니 아직까지 살아 있는 종교로 맥을 지켜 나가고 있으나 날이 갈수록 쇠약해지고 역사와 기억의 저 편으로 잊혀져 가고 있다.

대종교는 한 번도 외적인 영화를 누린 적이 없다. 그러나 우리 민족이 정체성을 잃지 않고 대한민국이 광복할 수 있었던 바탕에는 대종교의 선구자들이 걸었던 고초가 있었다. 우리 독립운동사에서 북로군정서를 만들고 청산리전투를 승리로 이끌며, 상해임시정부의 주축이 됐고 조선어학회의 주축으로 우리말과 얼을 지켜낸 근간에는 대종교가 있다.

대종교를 일으킨 나철(羅喆, 1863~1916)은 29세 때 문과에 장원급제했다. 승정원에서 역사를 기록하는 사관으로 벼슬을 시작해 왕의 곁에 밤낮으로 머물며 언행을 적는 기거주(起居注)를 지냈고 권지부정자를 거쳤다. 상당한 고위직을 지낸 것이다. 고종은 나철에게 관복과 말을 하사할 정도로 그를 총애했다.

나라가 기울자 벼슬에서 물러나려 하니 왕은 세 번이나 반려한 끝에 허락했다. 후에도 그를 위해 징세서장(徵稅署長)으로 임명했지만 단호히 거절한 채 10년간 고향 벌교로 낙향하여 지냈다.

러·일전쟁이 일어나고 한일의정서가 체결된 1904년 조선의 위기를 느낀 나철은 서울로 돌아와 비밀단체 '유신회(維新會)'를 만들어 항일 애국계몽운동에 나선다. 을사늑약이 체결되자 매국노인 5적을 처단하자는 '간신의 목을 베는 글'을 남기고 폭탄을 보냈다. 글의 내용은 절절하다.

> 여러분, 진실로 자유를 사랑할 수 있는가. 청컨대 결사의지로 이 5적을 죽이고 국내의 병폐를 없앤다면 우리와 자손들은 영원히 독립된 천지에서 숨을 쉴 수 있으리라. 그 성패가 오늘의 할 일에 달려 있으며 여러분의 생사 또한 여러분에게 달려 있다. 재주 없는 인영이 이러한 의무를 주창함에 눈물을 흘리며 피가 스미는 참담한 마음으로 엎드린다. 피가 뛰며 지혜와 용기를 갖춘 여러분의 면전에 이 뜻을 내놓는다.

그러나 의거가 실패하고 나철은 자수하여 10년 유배 형을 받았다. 귀양살이 넉 달 만에 고종은 특사를 내려 그를 풀어줬다.

나철의 민족운동은 애국계몽운동으로 출발했다. 그는 매국노 척결에 앞섰다가 한일병합조약 후 일본으로 건너가 외교 경로를 통해 독립을 주장했다. 그마저 실패하자 민족 얼을 세우는 일에 나선다. 대종교는 그 일환이다.

나철의 일대기를 적은 김교헌의 〈홍암신형조천기(弘巖神兄朝天記)〉
에는 백두산 도인들로부터 단군의 가르침을 얻었다고 적혀 있다.
1904년에 길에서 만난 백봉신사(白峯神師)라는 노인에게 예부터 전해
져온《삼일신고(三一神誥)》와《신사기(神事記)》를 전해 받았다는 것이다.

국운을 되찾으려 동분서주하다가 1908년 구국운동을 펴기 위해
일본 도쿄로 갔을 때 숙소를 찾아온 두일백(杜一白)에게 다시 단군의
가르침을 펴는 일을 사명으로 삼으라는 가르침을 받았다. 백봉신사나
두일백 모두 백두산에서 온 도인이라 한다.

나철은 이윽고 대종교를 포교했다. 재동에서 "단군대황조신위"를
모시고 제사를 올리니 1909년 정월 보름날을 대종교의 중광절(重光節)
로 삼는다. 창교라 하지 않고 중광이라 한 것은 단군의 옛 가르침을 다
시 펼쳤다는 뜻이다.

나철은 순절 직전에 조선총독 데라우치에게 글을 남겼다. 대종교
불허에 항의하는 내용이었다.

대종교는 곧 옛적에 처음 세운 한얼 교문이다. 한얼은 조선 옛
말에 대종이라 했다. 이제 믿는 무리를 데리고 아사달메(구월
산)에 한님 한배께서 한울로 오르신 곳에 와서 한얼께 제사하
는 의식을 삼성사당에서 공경히 행한다.

대종교란 한얼, 즉 단군 이래 계속되어온 민족정신이라는 주장이

다. 나철이 처음 내세운 교의 이름은 단군교였다. 교세가 늘면서 친일 세력이 섞여들자 대종교라 고쳤다. 대종이란 밝고 큰 옛사람인 한얼 이니 단군을 뜻한다.

대종교는 처음부터 활발히 활동했다. 5,000년 역사에 밝은 얼을 가진 문화민족임을 널리 표방하고 나섰다. 단군 시대의 역사를 기산하여 서기전 2333년에 124년을 더해 단군교의 원년인 천신강세기원(天神降世紀元)을 삼았다. 교직을 만들고 자신은 교주에 해당하는 도사교(都司敎)에 취임한다.

대종교 중광 이듬해인 1910년 11월 2일자 매일신보에는 "대종교에서 도사교 나철 주간으로 단군개천일 경하식(檀君開天日慶賀式)이 거행되다"라는 기사가 실릴 정도로 적극적인 대외활동을 펼쳤다.

처음 나철이 교를 세우며 폈던 다섯 가지 종지는 지금도 계율로 지켜지고 있다.

첫째는 공경으로 한얼을 받들 것(敬奉天神)을 주창한다.
둘째는 정성으로 성품을 닦을 것(誠修靈性)을 가르친다.
셋째는 사랑으로 겨레를 합할 것(愛合種族)을 호소한다.
넷째로 고요함으로 행복을 찾을 것(靜求利福)을 전한다.
다섯째로는 부지런히 살림에 힘쓸 것(勤務産業)을 권한다.

즉 겨레의 얼을 받들어 성품을 닦고 겨레를 위하며 행복하게 산업

홍암 나철이 순절을 결심하고 대종교인과 함께 단군성지 구월산 순례에서 찍은 사진

에 힘쓰라는 것이다. 현실초월적인 종교관보다 민족 중심의 생활 윤리에 더 가까운 가르침이다. 나철은 독립하기 위해 반드시 필요한 지침을 전하려 했다. 절대자에게 매달리며 기복하는 신앙보다 자신의 내면을 주목하고 본성을 회복하는 자력신앙의 가르침를 펼친 것이다.

민족을 내세우고 일본보다 유구한 역사를 자랑하며 민족 얼을 되찾자는 대종교는 초기부터 요주의 대상이 됐다. 일제는 후에 대종교의 단군 중심 역사관에 대응하여 식민사관을 조장하여 단군을 철저히 허구의 신화적 사실로 치부해버렸다. 일제의 집요한 노력 끝에 예부터 전해져 온 신시시대의 역사는 단지 곰과 호랑이가 등장하는 설화 중심의 이야기로 변질하고 말았다.

일제는 초기부터 불온세력으로 감시하며 갖가지 제약을 가하고 있었다. 종교단체라기보다 항일구국의 결사체로 대종교를 파악한 것이다. 종교단체로 인정하지 않고 단속과 제재가 계속되자 나철은 1914년에 간도의 화룡현 평강상리사 삼도구로 본사를 옮긴다.

1914년 5월 13일 만주 헌병대에서 보고한 〈간도시찰현황〉은 대종교가 1912년부터 만주에 사람을 파견하여 청산리 일대에서 터를 잡고 있다는 사실을 보고하고 있다. 대종교인들은 집회를 하며 학교를 세우고 반일을 조장하는 요주의 단체라는 것이다.

간도가 민족의 잃어버린 땅이라는 사실과 맞물려 초급학교와 중등학교를 세우고 학생을 모아 조선의 말과 역사와 문화를 가르쳤다. 만주 일대의 대종교세력은 후일 북로군정서를 만들고 신흥무관학교를 세워 항일무장투쟁의 주축이 됐다.

나철은 자신의 종교관을 《신리대전(神理大全)》에 고스란히 담았다. 단군과 관련한 민족의 성지를 두루 순례했다. 강화 마니산의 제천단과 평양의 숭령전을 찾아 나섰다. 만주에 터를 잡은 것도 민족의 성산인 백두산을 찾은 후 그 아래 삼도구에 터를 잡아 본사를 옮겨 교당을 만든 것이다.

나철이 심혈을 기울였던 것은 민족의 얼을 지키는 대종교의 체계를 세우는 일이었다. 대종교를 종교로 공인받는 것은 일제의 탄압을 피해 합법적 기반을 만들기 위해 반드시 필요했다. 그러나 총독부는 포교 규칙을 만들고 대종교를 종교로 인정하지 않았다. 모든 활동은 법적으로 금지됐다.

앞서 적은 조선총독 데라우치에게 주는 글에서 그는 대종교를 종교로서 민족에게 펼치는 뜻을 드러내고 있다.

유대가 망하되 예수의 도는 점점 떨치고 인도가 쇠잔하되 석가의 도는 더욱 일어났다. 만일 한국의 옛교로서 자유를 허락하지 않는다면 공법에 반드시 항거하리니 또한 애달프지 않겠는가. 오직 크신 한님께서 밝으시게 아래에 이르시니 한얼께 공경하면 경사로써 나리시고 한얼께 게을리 하면 재앙으로써 내리실 것이다.

대종교는 불교나 기독교처럼 보편적인 종교이며 엄연히 한국의 옛 종교라는 것이다. 그리고 종교를 통해 민족의 고난을 이겨내겠다는 뜻을 분명히 했다.

한국학중앙연구원의 한국학대학원 정영훈 교수는 일제와 대종교의 관계를 이렇게 평가했다.

> 대종교는 한민족의 정체성을 바탕으로 자주독립국가 건설을 지향하고 있다. 일제의 식민화정책과는 근본적으로 병립이 불가능한 것이다. 민족의 자주성을 일깨우고 있었던 독립운동 지도자의 다수가 실제 대종교인이었다. 나철은 종교를 통한 민족의 독립을 실천했다.

탄압은 곧 저항으로 이어진다. 이후 나철은 일제의 탄압에 맞서서 본격적으로 독립운동을 펼친다. 대종교가 새로운 근거지로 삼은 만주는 대종교활동과 독립운동의 적격지였다. 독립을 위해 총을 든 대종교 교도들의 모습이 본격적으로 등장한다.

역사를 기억하는 민족은 미래의 활로를 잃지 않는다. 역사를 기록하는 사관을 지냈던 그가 민족의 활로를 역사에서 찾은 것은 당연한 일이다. 민족의 근원을 돌아보고 얼을 되새기는 일 자체가 나철과 대종교인들에게는 절실한 독립운동이었다.

그는 단군 중심의 신앙과 종교를 역사 속에서 찾아냈다. 나철은 대종교의 대의를 담은 〈중광가(重光歌)〉에서 교의 이름을 두고 이렇게 노래한다.

내리내리 한배빛. 대천교는 부여에, 승천교는 신라에, 경천교는
고구려, 대도진종 발해에, 임검교는 고려에, 주신교는 만주에.

단군의 가르침과 종교가 역사 이래 한 번도 끊이지 않고 이어져왔다고 그는 파악했다. 민간신앙 속에 퍼져 있는 삼신신앙도 그 흔적이라는 것이다.

〈중광가〉는 기자(箕子) · 비류왕 · 해모수 · 고주몽 · 박혁거세 · 동명성왕 · 부여온조 등 민족사의 영웅들도 단군의 맥을 이었다고 노래한다. 나철은 민족정신을 잃지 않았을 때 겨레와 나라가 발전했으나 불교와 유교의 외래 종교가 들어와 고유의 얼과 조상을 섬기지 않음으로 해서 쇠락의 길로 접어들었다고 보았다. 그러므로 우리의 종교를 되찾는 것은 민족의 번영으로 이어진다는 주장이다. 사대주의를 털어버리고 우리 얼로 돌아가자고 했다.

1914년 대종교 총본사가 간도로 이주한 후 나철은 백두산을 중심으로 영역을 나누어 동남서북 지역을 총괄하는 사도본사(四道本司)를 세운다. 또한 중국 · 일본 · 유럽 · 미주지역을 아우르는 외도교계도 정했다.

각 본사의 책임자는 그 이름만 들어도 알 만한 민족운동가들이다.

동만주에서 연해주를 총괄하는 동도본사는 서일이 맡았고, 남만주에서 산해관까지 이르는 서도본사는 신규식과 이동녕이 책임자가 되었다. 이상설은 북만주에서 만주리까지 총괄하는 북도본사를 맡았다. 한반도 전역은 남도본사의 강우가 책임졌다.

조직을 갖추자 대종교는 간도에 이주해온 조선인 사이에서 급속도로 번져갔다. 교도 수가 30만 명에 이르고 조선인들의 중심이 되자 감시와 탄압이 뒤따랐다. 포교가 본격적으로 시작된 1914년 간도 화룡현의 중국인 지사는 대종교 해산령을 내리기도 했다. 대종교에 대한 지지 기반은 탄압 속에서도 쉽게 무너지지 않았다.

대종교의 체제가 완전히 자리 잡자 나철은 다시 서울로 돌아온다. 포교에 힘쓰는 한편 대종교의 합법화를 위해 일제에 청원했지만 종교가 아니라는 이유로 묵살되었다. 1916년 남도본사가 강제 해산되자 그는 단군의 마지막 행적을 따라 구월산으로 떠났다.

황해도 신천군에 있는 삼성사(三聖祠)가 목적지였다. 삼성사는 옛 조선의 기자가 동으로 와 환인, 환웅, 단군의 신위를 모시고 제사를 올렸던 곳에 세워진 사당이다. 나철은 오랫동안 방치돼 허물어진 사당에서 손수 풀을 뽑고 사람을 불러 집을 중수했다. 나철은 최후 며칠 동안 사당 내외를 두루 돌아보며 제사를 지냈다고 한다. 중수가 끝나자 제자들에게 만족한 듯 웃음을 보였다고 한다.

8월 보름날 몇 장의 유서를 남기고 대종교의 수행법인 조식법(調息法)에 따라 스스로 숨을 끊어 순절했다. 나철이 마지막 남긴 순명삼조

(殉命三條)는 민족과 하늘을 향한 그의 절절한 심정이 드러나 있다.

> 나는 죄가 무겁고 덕이 없어 능히 한배님의 큰 도를 빛내지 못
> 하며 능히 한겨레가 망하게 된 것을 건지지 못하였다. 도리어
> 오늘의 업신여김을 받게 된지라 이에 한 오리 목숨을 끊는 것
> 은 대종교를 위하여 죽는 것이다. 내가 대종교를 받든 지 여덟
> 해에 빌고 원하는 대로 한얼의 사랑과 도움을 여러 번 입어 장
> 차 모든 사람을 구원할 듯 했다. 마침내 정성이 적어 갸륵하신
> 은혜를 만에 하나도 갚지 못할지라. 이에 한 오리 목숨을 끊는
> 것은 한배님을 위하여 죽는 것이다. 내가 이제 온 천하의 많은
> 동포가 잘못된 길로 떨어지니 그들의 죄를 대신으로 받으려 한
> 다. 이에 한 오리 목숨을 끊음은 천하를 위하여 죽는 것이다.

그는 조선 땅에 몸을 묻을 곳이 없으니 반드시 화장하여 총본사가
있는 간도 땅에 묻으라는 뜻을 남겼다. 대종교인들은 그의 죽음을 민
족뿐 아니라 전 인류를 위하여 자신을 희생시켜 대속한 순교라고 본
다. 대속의 행위는 종교인으로서 나철이 늘 행했던 의식과도 연관이
있다. 생전에 그는 종교의식을 치를 때마다 '내 몸으로 다른 생명을 대
신하여 구한다'는 이신대명(以身代命)이란 말을 썼다.

나철의 종교적인 태도에 대해 한국정신문화연구원 정영훈 교수는
이렇게 이야기한다.

기록에 따르면 나철은 여러 차례 종교적인 이적을 행했다. 병자를 치료하고 가뭄을 해갈시키는 등 기적의 행사에는 항상 '이신대명'이라는 문구를 써 붙이고 행했다는 것이 특이하다. 이 몸으로써 앓는 이의 목숨을 대신한다거나, 군생들의 죄를 이 몸으로 대신하겠으니 저를 제물로 받으시고 비를 내려주시라는 의미로 해석할 수 있다. 나철의 삶의 자세를 단적으로 보여주는 것이다.

대종교의 교리와 사상은 근본경전인 《삼일신고》와 나철이 지은 《신리대전》에 고스란히 담겨 있다. 그 핵심인 삼일(三一) 철학은 시대를 뛰어넘는 보편적인 가르침이 담겨 있다. 우주의 생성과 조화와 운용의 원리가 다양하면서도 하나로 통하고 그것은 모두 우리 안에 담겨 있다는 내용이다. 우리는 원래 온전하니 단지 그것을 회복하기만 하면 된다는 것이다.

나철은 한얼님인 단군에 대해서도 삼일철학으로 설명하고 있다.

한얼님은 한임(桓因)과 환웅(桓雄)과 한검(桓儉)이니라. 환(桓)의 본음은 '한'이요 인(因)의 본음은 '임'이다. 옛말에 한울을 이르되 '한'이라 하니 곧 '큰 하나'의 뜻이며, 합하여 말하면 환인은 한울 아버님이요, 환웅은 한울 스승님이요, 한검은 한울 임금님이니라. 한임은 조화의 자리에 계시고 환웅은 교화의 자리에 계시

환인과 환웅과 한검의 셋으로 표현되지만 곧 한얼님이라는 하나의 다른 자리이며, 나누면 셋이요 합하면 하나가 되니 셋과 하나로써 한얼님 자리가 정해진다. 주체는 하나지만 쓰이는 것은 셋이라는 뜻이다. 삼일사상 혹은 삼신사상은 기독교 신학의 삼위일체론이나 인도 종교의 삼신설과 비교할 수 있는 보편적인 종교 철학이다. 그 때문에 대종교에서는 삼일의 가르침이 세상 모든 종교의 뿌리와 닿아 있다고 주장한다.

나철은 교주자리인 도사교(都司敎)를 무원 김교헌(茂園 金敎獻, 1868~1923)에게 물려주었다. 그는 백포 서일(白圃 徐一, 1881~1921)과 함께 대종교의 삼종사(三宗師)로 꼽히는 인물이다.

김교헌은 18세의 나이에 과거에 급제하여 사관으로 벼슬을 시작했다. 성균관 대사성을 역임할 정도로 학식과 명망 및 관록을 갖춘 인물로, 일찍부터 독립협회에 가입하여 만민공동회 운동을 이끌었다. 최남선이 조직한 조선광문회(朝鮮光文會)에도 동참하여 박은식, 장지연 등과 함께 우리 민족의 고전을 번역하는 일에 힘쓰고 있었다.

대종교 중광 이듬해 그는 나철을 찾아가 민족정신을 되찾자는 데 합의하고 교인이 됐다. 나철이 틀을 잡은 대종교의 교리과 사상을 이어받아 체계적으로 정리하는 일을 맡았다. 그뿐 아니라 역사 속에 묻힌 단군의 기록을 모아 《신단실기(神檀實紀)》와 《신단민사(神檀民史)》를 지어 민족사를 정립했다.

나철이 순절한 이듬해 그는 간도의 본사로 가 교세를 확장하는 일에 매달린다. 조선인이 있는 곳에 교당과 학교를 짓는 일에 전념했다. 특히 1918년 개천절 김교헌은 대종교인을 중심으로 대한독립선언서를 선포해 일제와 정면으로 맞선다. 무오독립선언으로 지칭되는 이 항일무제한 무력투쟁선언은 후에 동경 유학생의 2·8독립선언서와 3·1독립선언을 이끌어낸 도화선이 되었다.

김교헌은 8년 동안 대종교 2대 교주의 자리에 있으면서 대종교의 분명한 성격을 만들었다. 그의 부음을 알리는 1923년 12월 28일자 동아일보 기사는 대종교가 해외에서 위대한 세력을 얻은 것은 김교헌의 고심과 노력이 있었으며, 그의 죽음은 대종교의 앞날에 중대한 문제가 된다고 적고 있다. 대종교인들은 그의 지휘 아래서 독립운동에 뛰어들었다. 대종교는 종교의 영역을 벗어나 실질적인 독립투쟁의 선봉에 서고 있었다.

한국정신문화연구원 정영훈 교수는 대종교가 종교민족주의의 대표로 항일의 중심에 선 이유를 이렇게 지적한다.

민족정신과 고유 종교가 살아 있으면 자주 독립은 언젠가 이루어진다는 것이 대종교의 생각이다. 포교활동 자체가 독립운동의 성격을 가지고 있었다. 민족의식이 깨어나는 데 중요한 영향을 미치고 있어 민족운동의 주요 지도자들은 대종교의 교인이

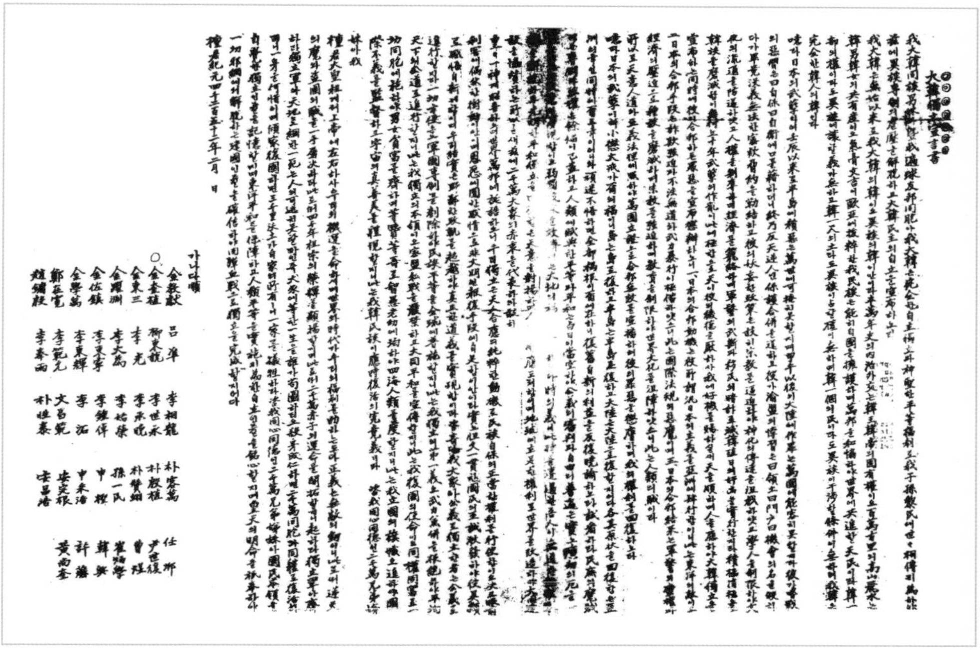

3.1독립운동의 기폭제가 된 무오독립선언서, 대종교인들이 중심이 되어 조선의 독립을 선포했다.

되거나 그들과 교유하면서 자주독립의 의지를 새겼던 것이다.

항일 무장투쟁의 노선을 택하면서 대종교는 일제와 직접 맞섰다. 대종교 산하에 군사조직을 갖추고 일본군과 전투를 벌이면서 대종교는 토벌의 대상이 됐다. 일제의 탄압으로 조선 땅에서는 교세를 크게 펼칠 수 없었지만 간도와 중국 땅 전역에서 대종교는 독립운동가를 키워내는 공장 역할을 하고 있었다.

조국 광복을 위해 생사를 함께하기로 맹세한 동지를 모두 잃었으니 무슨 면목으로 살아서 조국과 동포들을 대하리오. 차라리 이 목숨 버려서 사죄하는 것이 마땅하리라.

독립기념관 마당에 비석으로 서 있는 백포(白圃) 서일(徐一, 1881~1921)의 유언이다. 흑하사변(黑河事變) 당시 러시아 적군과 그 지원을 받는 무장 세력의 공격으로 연해주 대다수 독립군이 희생됐다. 서일은 자신의 휘하에 있던 병사들이 죽어가자 나철이 했던 바를 따라 스스로 목숨을 끊었다.

서일은 대종교 3종사 중 항일 무장투쟁에 가장 적극적으로 나선 인물이다. 그는 대종교인이 되기 전부터 간도에 명동중학교를 세워 청년 학생들에게 민족의식을 교육하고 있었다. 간도의 명동중학교는 민족정신을 가르칠 뿐 아니라 학생들에게 군사 훈련을 시키는 독립군

양성소 역할도 하고 있었다.

1911년 서일은 나철과 운명적으로 만난다. 나철로부터 《삼일신고》를 건네받고 대종교의 교리를 공부하기 시작했다. 이듬해 그는 대종교에 입교하여 적극적인 포교 활동에 나섰다. 대종교의 총본사가 간도로 옮긴 후에는 교리 교육을 책임지는 전강을 맡을 정도로 교단 내에서 신망을 얻고 있었다.

1919년에 2대 교주 김교헌으로부터 교통을 이어받으라는 권유를 받았지만 서일은 때가 아니라는 이유로 후일로 미루고 만다. 독립의 열망이 들불처럼 퍼지던 때라 무장투쟁이 가장 시급한 일이라 판단했기 때문이다.

3·1운동 직후 그는 대종교인 중심의 중광단을 확대하여 대한정의단을 조직하고 단장이 됐다. 미주에서 활동하던 대한국민회의 기관지 신한민보는 1919년 11월 15일자에서 간도에서 전해온 대한정의단 창의격문을 싣고 있다. 해외까지 대한정의단의 활동과 선전이 전해지고 있었다.

> 한 몸을 버려 여럿을 구하는 것이 인간이 행할 공덕이다. 소수를 희생하여 다수를 살리는 것은 정의의 공덕인 것이다. 누가 살기를 바라지 않을까마는 노예로 사는 것은 삶의 치욕이며, 누가 죽기를 싫어하지 않으랴마는 신성한 죽음은 죽음의 영광이다.

죽음을 무릅쓴 의지를 밝힌 대로 대한정의단은 결사대를 만들고 군사 훈련에 들어갔다. 이어서 이를 기반으로 여러 조직을 규합하여 대한군정서를 만든다. 이 단체의 별명이 항일 무장투쟁의 무공을 세운 북로군정서다. 서일이 총재를 맡았고 김좌진·이범석·현천묵·계화 등 독립군을 대표하는 인물이 두루 모였다. 청산리 전투에서 그들은 일본군으로부터 첫 번째 승리를 빼앗았다.

　　패배주의에 젖어 있던 당시의 분위기를 급변시킬 수 있는 성과였다. 그들은 독립은 구호로써 얻어지는 것이 아니라 총과 피를 통해서 쟁취할 수 있다는 사실을 퍼뜨린다. 이후 간도의 독립운동은 흐름이 바뀌어 적극적인 무장투쟁이 주류가 된다.

　　대종교인들은 성금을 모아 자금을 지원하고 비밀결사를 조직해 독립군의 저변으로 나서기 시작했다. 서일은 한편으로는 대종교의 교리를 가르치는 종교인으로, 다른 한편에서는 독립군을 지휘하는 군사 지도자로 활동한다. 군사를 이끌면서도 대종교의 수도를 멈추지 않았다고 전해진다. 진중에도 수도실을 따로 마련하여 교리를 연구하고 기도와 수행을 계속했다는 것이다.

　　청산리 전투 이후 일본군은 만주에서 강력한 토벌작전을 펴기 시작한다. 반격을 받은 독립군도 여기저기 흩어지며 세력이 약화하자 서일은 러시아령 연해주에서 다시 한 번 무장세력을 모았다.

　　1921년 3월 2일자 동아일보는 그 소식을 상세히 전하고 있다.

　　"예전부터 연길 훈춘 지방에 근거지를 정하고 있는 배일 조선인들은 요사이 러시아령 소추풍령에 모여 대한국총합부라는 단체를 조직하여 다시 활동을 시작했다."

총재는 서일, 군무부장에 김좌진, 경리부장에 홍범도를 위시하여 만주의 독립군이 다시 모였지만 결국 흑해사변으로 무장 투쟁세력은 힘을 잃게 된다.

3종사의 순절 이후 대종교는 다른 방향으로 활로를 변경하여 민족의 역사와 말을 바로잡는 일에 힘을 쏟기 시작했다. 신채호 · 박은식 · 이상룡 · 유인식 · 정인보 등이 민족사관을 정립하는 데 앞선 대표적인 대종교인이다. 이들은 당시까지 우리 역사를 지배하던 사대주의 사관에서 벗어나 민족 중심의 역사를 회복하려 애썼다.

주시경은 기독교에서 대종교로 개종하면서 말과 글에서 우리 민족의 뿌리를 찾으려고 노력했다. 그는 우리글에 처음으로 '한글'이란 이름을 붙였다. 주시경의 지도하에 '조선어학회'를 실제로 이끌던 이극로도 대종교인이다. 이극로는 대종교 교단의 요청으로 '단군성가(檀君聖歌)'의 작곡을 알아보고 있었다. 그 내용이 일제에 발각돼 일어난 것이 조선어학회사건이다.

일제는 태평양 전쟁 이후 시국을 전시체제로 개편하면서 항일세력에 가혹한 응징을 내린다. 종교계도 결코 비켜갈 수 없는 재앙이 시작됐다. 대종교는 특히 척결의 대상이 됐다.

1942년 조선어학회사건을 빌미로 대종교 역사상 가장 가혹한 박해로 기억되는 임오교변이 일어났다.

한국정신문화연구원의 정영훈 교수는 그 원인을 이렇게 진단했다.

일제는 대종교를 국체변혁의 단체라고 규정했다. 대종교는 한
반도와 만주를 일본으로부터 빼앗아 배달국이라는 한민족의
독립 국가를 재건하는 것을 목적으로 삼았다는 것이다. 교단 지
도자에 대한 대규모 검거와 고문이 벌어졌다.

대종교의 교맥을 이어받은 3대 교주 단애(檀崖) 윤세복(尹世復,
1881~1960)과 간부 21명이 모두 검거됐다. 이극로가 쓴 〈단군성가〉의
머리말을 트집 잡아 일으킨 일이다.

윤세복은 법정에서 이렇게 항거했다.

"나는 만주국의 재판을 받는 사람이다. 일장기 앞에서는 재판을 받
지 않겠으니 일장기를 치워달라."

일장기를 거부할 정도로 기개를 굽히지 않았다.

검거된 인물 중에서 10명이 순교했고 간부들은 대부분 해방 이후
에야 풀려날 수 있었다.

대종교인들은 상해 임시정부에도 적극 참여했다. 국무위원 이상을
지냈던 대종교의 인물로는 이시영 · 이동녕 · 신규식 · 조완구 · 박찬
익 · 조성환 등을 찾아볼 수 있다. 민족 지도자 가운데 조소앙 · 안재
홍 · 안호상 등도 대종교 교인이다. 일제가 대종교를 눈엣가시처럼 본
것도 이런 이유에서다.

간도 땅 삼도구에 남아있는 대종교 삼종사의 묘역

청산되지 못한 역사는 대대로 부조리한 일을 반복한다. 이 땅의 역사에서 친일파의 후예가 영화를 누리고 독립운동가의 자손이 불행해지는 모습은 흔히 볼 수 있는 일이다.

대종교도 마찬가지의 현실을 맞이한다.

해방 이후 대종교 본사는 조국 광복의 바탕이 됐다는 명예와 긍지를 가지고 자랑스럽게 환국했다. 하지만 그 앞에는 정치투쟁과 이념 분쟁의 혼돈이 기다리고 있었다. 정국에서 임시정부 요인들이 배제되고 반민특위가 무산되면서 친일파가 다시 득세하는 현실 속에 대종교의 교세는 당연히 위축될 수밖에 없었다.

대종교 총본사에서 총무의 직책인 서무감정를 맡고 있는 이용석 씨는 대종교의 현실을 이렇게 설명한다.

성직자와 포교 활동이 전무하다. 시대에 맞는 사상적 가르침을 만들어내지 못하고 겨우 명맥을 잇고 있다. 교인 수도 점점 줄어들고 있는 것이 눈에 보인다. 젊은이는 없고 연로한 분만 교당에 나와 경배를 올린다. 종교적인 면도 내적인 수행보다 기복에 매달리는 기색도 드러나고 있다. 이제는 종교의 틀을 과감히 벗고 민족의 실천 철학으로 자리잡아야 할 시기가 됐다고 생각한다.

대종교의 교세는 점점 줄어들고 있다. 1985년 정부의 인구 조사에서 대종교인이라고 응답한 사람은 모두 11,030명으로 대한민국 정부에서 제1호로 등록한 종교의 교세치고는 너무나 미미하다. 하지만 이것도 점차 줄어들어 2005년 통계에는 고작 3,766명으로 나타났다.

게다가 대종교는 현재 분쟁을 겪고 있다. 복잡한 사정이 있지만 이 상황이 절망적이지 않다고 보는 이도 있다. 고려시대 항몽의 과정을 거친 이후 단군의 가르침은 700년이나 끊겼던 시절도 있었다. 아무도 주목하지 않던 때 나철은 대종교와 민족의 이상을 되찾아 주었다.

대종교 이용석 서무감정은 누군가 다시 민족의 정신을 일으켜 세우는 때가 오리라는 희망을 이렇게 이야기하고 있다.

> 대종교는 기복이 아니라 사람으로 살아가는 기본적인 도덕 원리이다. 종교를 떠나서도 받아들일 수 있는 민족의 소중한 가르침이다. 반드시 밝은 이가 다시 나올 것이다. 나철 대종사가 했던 것처럼 사람을 일깨우는 이가 오면 세상은 달라질 것이다. 그때 사람들은 세상을 모두 이롭게 하는, 홍익할 수 있는 본디 모습을 되찾으리라고 믿는다.

대종교는 중광 100년을 앞두고 있다. 민족을 위해 온몸을 던진 선각자들처럼 이 땅에 밝고 어진 이가 나오는 날 홍익인간(弘益人間) 이화세계(理化世界)는 이루어질 것이다. 그것이 오늘 비록 쇠락한 모습으로 살아가지만, 희망으로 절망을 이기는 대종교인들의 바람이다.

교파를 초월한
새로운 천주통일국

통일교 문선명

문선명 한학자 총재 부부

문선명(1920~2012)

세계평화통일가정연합(이하 통일교)은 한국에서 태어나 세계로 나간 보기 드
문 종교이다. 통일교를 창종한 문선명 총재는 평안남도 정주 출신으로 어린 시절
의 이름은 문용명이었다. 어려서 서당에서 한학을 배웠고 특별한 종교적 체험이
없었으나 15살이 되던 해 가족 중에 큰 병을 앓는 이가 나오자 가족 모두 기독교
신앙에 귀의했다.

문총재가 종교적인 삶에 매진한 것은 해방 직후 파주의 이스라엘 수도원에서

6개월간 성경공부와 기도를 하면서부터이다. 이스라엘 수도원의 지도자는 김백문 목사이고 그는 기독교 신비주의 운동을 이끌고 있었다. 김백문은 후에 《성신 신학》과 《기독교 근본 원리》를 지어 기독교 원죄의 근원이 성적 타락임을 내세우고 있다. 기독교계 일각에서는 문선명의 《원리강론》이 김백문의 교리해석에 근거하고 있음을 주장한다.

종교적 열정에 사로잡혀있던 청년 문선명은 38선을 단신으로 넘어 평양으로 전도여행을 떠났다. 평양에서 교회 활동 중 북한 당국에 사회 소란 등의 죄목으로 두 차례 검거되었다가, 사회질서 문란죄로 노동 교화형 5년을 선고받아 투옥됐다. 흥남감옥에서 복역 중 유엔군의 진주로 석방되어 다시 부산으로 피난을 했다.

이후부터 문선명 총재의 활동은 잘 알려진 바와 같다. 문총재는 40세의 나이가 되던 1960년 당시 17세의 한학자 여사와 결혼하여 참가정의 시작을 선포했다. 이후 주로 대학가에서 학생들에게 전도함으로써 개신교 계열의 사학 두 곳은 학생과 교수를 출교조치하기도 했다. 통일교의 성서해석은 보수주의 교파의 철저한 반발을 샀다. 일부 신학자와 목사들은 통일교의 신학적 해석에 동조하기도 했으나 이단 논쟁의 역풍은 거셌다. 통일교의 여파가 거세지자 가톨릭교회에서는 성서에 대한 오해로 못 박았다.

통일교는 일찌감치 해외로 눈을 돌려 일본과 미국에서 적극적인 포교에 나선다. 미국 수도 워싱턴에서 열었던 집회에서 약 30만 명의 인파가 몰리며 그는 전 세계적인 주목을 받게 된다. 특히 2001년 5월 유엔본부에서 문총재 주도로 열린 합동결혼식에는 아프리카 잠비아 출신의 밀링고 가톨릭 대주교가 한국인 여성과 결혼하여 화제를 낳았다. 이를 보도한 국내 모 언론에 개신교 보수주의 교파의 항의가 잇따르자 '통일교에 재산을 빼앗겼거나 가정 파괴의 피해를 본 이들을 공개적으로 찾는' 광고를 싣기도 했다. 많은 이들의 의심과 갖은 소문에도 불구하고 피해자로 접수된 사례는 없었다.

정작 일본에서는 통일교의 물품 판매 등이 사회 문제된 바 있었고, 통일교에 입교하여 한국으로 결혼한 부녀자의 가족이 당사자들을 납치하고 출교할 것을 강요하여 물의를 일으킨 바가 있었다. 통일교 관계자들은 "통일교에 씌워진 혼음, 재산헌납 등의 의혹은 종교문제가 아니라 반사회적 범죄행위다. 그런 피해를 입은 이들이 있다면 사법적인 처리를 통해 잘못을 처벌하면 될 것이다."고 주장한다.

2012년 문총재가 성화한 후 한학자 여사가 총재직을 계승하여 통일교의 최고 지도자가 되었다. 통일교회 세계협회는 그의 막내아들인 문형진 회장이 뒤를 이었다. 한학자 총재는 문총재 어록인《천성경》과 대중 강연 내용을 엮은《평화경》을 편찬하여 통일교가 주장하는 섭리의 역사가 계속될 것임을 주장했다. 문총재 성화 후에도 통일교의 분열이나 쇠락의 조짐은 아직까지 보이지 않고 있다. 통일교의 진로를 시험할 본격적인 시기는 한총재 이후일 것으로 보는 시각이 유효하다.

세계평화통일가정연합(세칭 통일교)은 1954년에 공식적으로 출발했다. 처음의 교명은 세계기독교통일신령협회. 교회의 첫 간판을 달면서 문선명(1920~2012) 총재는 "하루 빨리 이 간판을 떼는 날이 와야 한다"고 했다. 1994년 드디어 그 간판을 떼고 세계평화통일가정연합으로 교명을 바꾸었다.

2008년 4월 18일 세계평화통일가정연합의 세계회장으로 문선명 총재의 막내아들인 문형진 목사가 임명됐다. 세계 회장과 한국 회장직을 물려준 것이다. 그의 형인 문국진 씨는 통일교 사업을 주관하는 재단이사장으로 임명되었다. 통일교에서는 문형진 목사의 등장을 '섭리의 실현'을 향해 한걸음 더 나간 역사적인 일로 보고 있다.

그러나 문선명 총재가 명을 달리하자 그의 부인 한학자 여사는 혈통보다는 정통성을 우선시하여 조직을 재편했다. 교회 화합을 이유로 내세우며 현안처리와 인사문제를 직접 챙기기 시작했다. 특히 주목할 점은 합동결혼식을 통해 태어난 2세대 신자의 전면배치이다. 통일교 한국책임자로 임명된 유경석 한국회장이 대표적인 인물이다.

한국에서 태어난 종교 중 가장 먼저, 그리고 가장 널리 세계로 뻗은 것이 통일교다. 통일교를 일으킨 문선명 총재는 1920년 평안남도 정주군 덕언면 상사리에서 태어났다. 본명은 문용명(文龍明). 여덟 남매의 차남으로 태어나 어린 시절 동네 서당에서 한학을 배웠다. 15살에 오산보통학교에 편입하여 신학문을 배웠고, 그해 가족을 따라 장로교 신자가 되면서 기독교인이 됐다.

이듬해인 1935년 부활절 기도 도중 문선명 총재는 예수로부터 직접 계시를 받았다고 전해진다. 통일교의 역사를 기록한《통일교회사》에 따르면 예수가 문선명 총재에게 이스라엘 민족의 불신으로 자신의 인류구원 사업이 실패했음을 알리고 그 대명을 맡아줄 것을 거듭 부탁했다는 것이다.

당시 총독부의 강력한 종교정책은 민족종교의 억압뿐 아니라 기독교에도 미쳐 신사참배를 강요하고 있을 때다. 기독교계는 이 시기를 종교적으로 철저하게 유린된 시기로 보고 있다. 바로 그런 때 문선명 총재의 종교적 각성이 일어났다는 점은 주목할 만하다.

역사신학을 전공한 중앙대학교 교목실장 이재하 박사는 이렇게 설명한다.

1930년대 후반의 기독교는 일제로부터 정신적 강간을 당하고 있었다. 기존의 종교적 가르침이 작동불능 상태가 되자 일부는 무언가를 열정적으로 찾아 나서게 된다. 어떤 이는 당시 사람들이 보지 못한 것을 보았다고 목숨을 걸고 말했다. 믿는 사람들은 하나님의 계시를 받았다고 하고, 반대자들은 사탄의 영에 접했다고 주장했다. 어떤 쪽이든 공통점은 강력한 종교적 체험을 했다는 사실이다.

19살에 소학교를 졸업한 문선명 총재는 서울로 유학을 와 경성 상공실무학교 전기과에 입학하여 중학교 과정을 공부했다. 이때 흑석동의 명수대교회를 다니면서 적극적인 신앙생활을 시작한다. 주일학교 교사를 맡고 창경궁과 서울역 등에서 노방 전도를 할 정도로 열성적이었다.

광복 직후인 1945년 10월 문 총재는 경기 파주군의 '이스라엘 수도원'에 들어가 기도하고 성경을 공부했다. 6개월간 머물면서 그 계열인 상도동 집회소의 인도자로 일한다. 수도원은 신비주의적인 성향으로 인해 기성교단으로부터 배척받고 있었다. 지도자인 김백문은 《성신신학》과 《기독교 근본원리》를 지어 독특한 성서해석을 펴고 있었다.

수도원에서 나온 직후인 1946년 6월 6일 청년 문선명은 배낭 하나를 짊어지고 단신 평양으로 월북한다. 하나님의 인도가 있었다는 것이다. 평양은 한반도에서 당시까지 기독교 교세가 가장 큰 도시였다. '동양의 예루살렘'이라는 별명을 지닐 정도로 기독교의 활동이 활발했고 한국에 새로운 재림 예수가 나타난다는 신비주의 운동도 널리 퍼져 있었다. 그중 일부는 재림 예수가 입을 옷을 준비해놓고 끼니마다 밥을 지어 기다릴 정도로 만반의 준비를 갖추어 재림 주를 기다리고 있었다.

문 총재는 평양에서 전도하며 간판을 내걸지 않고 교회를 운영했다. '광야교회'라는 이름의 이 교회에서 신도들에게 새로운 해석의 성경 원리를 가르치며 함께 예배를 드리던 문선명은 몇 달 후 사회질서 문란 혐의로 체포되고 100일간 구속된다. 북한 당국으로서는 기성교회와 다른데다 간판도 없이 집회를 여는 그가 여러 모로 의혹의 대상이었을 것이다.

석방되어 다시 목회활동을 펴던 문 총재는 1948년 초에도 같은 죄목으로 체포되어 징역 5년의 실형을 선고 받았다. 이번에도 주변의 신고가 결정적인 단서였다. 흥남 감옥에서 옥살이를 하던 중 한국전쟁이 터져 석방되었다.

문선명 총재는 피난생활을 하던 부산 범내골에서 통일교의 경전인 《원리강론》을 집필했다. 《원리강론》엔 새로운 진리가 필요한 이유를 이렇게 말하고 있다.

> 새 진리가 나와야 한다는 주장은 종교인들, 특히 기독교 신도들에게는 못마땅하게 여겨질지도 모른다. 왜냐하면 그들은 그들이 가지고 있는 경서가 이미 그것만으로써 완전무결한 것이라고 생각하기 때문이다. 물론 진리는 유일하고 영원불변하며 절대적이다. 그러나 경서란 진리 자체가 아니고 진리를 가르쳐주는 하나의 교과서로서, 시대의 흐름과 더불어 점차 그 심령과 지능의 정도가 높아진 각 시대의 인간들에게 주어진 것이기 때문에, 그 진리를 가르쳐주는 범위나 그것을 표현하는 정도와 방

법은 시대에 따라서 달리하지 않을 수 없는 것이다.

한마디로 성경은 진리를 가르쳐주지만 시대의 흐름에 비추어 새롭게 해석해야 한다는 것이다. 그래서 만든 것이 《원리강론》이라고 주장한다.

교의체계가 완성되자 피난생활을 마치고 서울로 올라온 문 총재는 1954년 5월 1일 서울 성북구 북학동에서 '세계기독교통일신령협회'의 이름으로 교단을 창립했다. 그가 본격적으로 선교활동을 시작한 지 1년 만에 세간의 주목을 끄는 일이 발생한다.

통일교는 자신의 주장대로 기존의 기독교가 규명하지 못하는 질문에 해답을 주고 있다. 문명이 발달한 시대의 젊은이들이 갖는 종교와 과학의 충돌, 신념과 이성의 상충에 대해 적극적으로 답한다. 통일교는 논리와 이성과 성서의 현대적 해석을 무기로 대학 사회에 선교활동을 폈다. 결과는 연세대학교 박상래 교수와 학생들의 통일교 개종, 이화여자대학교 양윤영 교수 등과 학생 수십 명의 통일교 개종으로 나타났다. 소위 말하는 '연대사건'과 '이대사건'이다.

개신교단에서 운영하는 한국의 대표적인 기독교 사학에서 학생은 물론이고 교수까지 개종한 것이다. 더욱이 진상을 규명하기 위해 파견한 이대 김영운 교수도 개종해버렸다. 기독교계가 발칵 뒤집힌 것은 물론이고 연세대학교에서는 김 교수가 파면되고 학생 2명이 제적됐다. 이화여자대학교에서도 관련 교수 5명이 파면되고 학생 14명이

제적되고 말았다. 이 사건에 위기를 느낀 개신교단에서는 통일교를 이단으로 규정하고 적극적인 대응에 나선다.

게다가 1955년 문선명 총재는 교단의 간부와 함께 병역법 위반 등으로 구속된다. 무죄 판결로 석 달 만에 석방되지만 여론은 통일교를 매도하기 시작했다. 일단 사회적 주목을 받기 시작하자 통일교는 본격적인 선교활동에 나섰다. 1957년 전국 116개 지역에 선교사를 파견하고 그 이듬해부터 일본과 미국에 선교사를 파견했다. 국내 기성 교단의 비난을 딛고 해외 선교에 성공하는 발판을 이때부터 마련하기 시작한다.

남과 북, 이념의 대립이라는 당시의 시대상과 맞물려 통일교는 승공(勝共)을 내세웠다. 국제승공연합을 조직하고 반공 이데올로기의 확산에 공을 들였다. 마침내 이념을 바탕으로 국내 조직을 확산하는 데 안착한다. 통일교는 이념의 싸움을 인류의 마지막 싸움이라고 공언했는데 다음은《원리강론》의 설명이다.

> 마지막 싸움이란 어떠한 싸움인가? 그것은 이념의 싸움인 것이다. 그러나 오늘의 세계를 위협하고 있는 유물사관을 완전히 전복시킬 수 있는 진리가 나오지 않는 한 민주와 공산 두 세계의 싸움은 그치지 않을 것이다.

통일교는 1960년대부터 해외로 눈을 돌렸다. 문 총재는 당시 40여 나라를 순방했고 1972년 도미하여 미국에서 본격적인 활동을 펼

1976년 9월 18일 미국 워싱턴 머뉴먼트 광장 집회. 미 전역에서 30만 명의 기독교인이 모인 대규모 종교행사로 아직까지 워싱턴 광장에서 열린 최대 집회로 기록되고 있다.

치기 시작한다.

종교에 관심이 없는 사람들에게도 통일교의 이미지를 깊이 새긴 사건은 국제 합동결혼식. 1961년 문선명 총재의 주례로 36쌍의 부부가 탄생한 이래 해마다 계속되어 수십만 쌍의 국제 부부를 만들어냈다. 국제합동결혼식은 세계 평화를 이루는 시발점이고 통일의 길이라는 주장이다.

1994년 통일교의 공식적인 교명이 세계평화통일가정연합으로 바뀐 것처럼 가정은 구원의 최소 단위이며 하나님의 섭리가 이루어지는 기본 단위고 가족구성원의 통일을 통해 세계의 평화가 이루어진다고 한다.

숱한 우여곡절을 겪고 문선명 총재는 1988년 10월 3일 천주통일국(天宙統一國)의 개천을 선포하고 자신이 그 왕의 자리에 올랐다. 문 총재는 선포사에서 이렇게 밝혔다.

> 남북의 해방부터 아시아의 해방, 세계의 해방, 지상세계의 해방은 물론이요, 천상의 지옥 해방, 그리하여 참부모의 소원 해방과 더불어 하나님의 참다운 해방 세계까지 미칠 수 있게 하기 위해 120개 국가에 사랑의 깃발을 높이고 이제 새로운 통일의 등대를 세워 불을 밝히옵니다.

가정연합이 지향하는 바는 하나님의 창조 원리와 섭리가 이 땅에서 완전히 이루어지는 지상천국이다. 그것은 이제까지 고난을 딛고 살아온 모든 인간의 꿈이기도 하다. 가정연합의 가르침대로 이 땅에서 그 위대한 꿈이 이루어질지는 아직 더 지켜봐야 할 것 같다.

세계평화통일가정연합(이하 통일교)은 세계적인 종교가 됐다. 전세계 150여 나라에서 신앙한다. 우리나라에서 창종된 종교뿐 아니라 현대에 일어난 종교 중 유례를 찾기 힘들다.

문선명 총재는 일찍부터 국내라는 울타리를 버렸다. 교회의 틀이 막 갖춰질 때부터 미국과 일본에 과감히 선교사를 보냈다. 1950년대 말 한국의 어떤 종교도 엄두를 내지 못했던 일을 시도한 것이다. 지금과 같은 통일교 발전의 기틀은 그렇게 시작한 미국과 일본 선교에서 비롯했다고 보아도 좋을 것이다.

1960년대 초 이미 일본과 미국, 독일을 거쳐 유럽 각지에까지 통일교회가 세워지기 시작했다. 문 총재는 이윽고 1971년 직접 미국으로 가 본격적인 활동을 펼친다. 도미 직전까지 국내에서 통일교가 치중하던 것은 초교파 운동으로 교파를 초월해서 교회의 일치와 발전을 위해 출발한 기독교 운동이다. 그 중심축이 된 것이 통일교다.

통일교 한국협회장을 지낸 선문대학 신학대학원 이재석 초빙교수의 이야기다.

처음 통일교에 대한 기성교단의 반대는 그다지 크지 않았다. 초창기 장로교와 감리교 목사들도 노방전도대회를 우리와 함께

115

여는 분위기였다. 1960년대 후반부터 초교파 운동을 시작해 교회 간 화해운동이 일어나자 반발이 커졌다. 기성 교단에서는 개신교에 침투하기 위한 전위부대가 초교파 운동이라고 보고 본격적이고 조직적으로 반대하기 시작했다.

진보적인 입장을 취하던 기독교장로회의 고(故) 강원룡 목사는 1968년 9월 9일과 10일 아카데미하우스에서 개신교와 통일교의 대화를 주선했다. 개신교 목사 40명과 문선명 총재를 포함한 통일교 목회자 10명이 모여 통일교 교리인 원리공부를 함께 했다. 이 사건은 개신교 내부에 격렬한 파문을 일으켰다. 기성 교회의 일부 인사들은 항의를 넘어 회의장에 오물을 던지는 사건까지 벌였다.

고 강원룡 목사가 내린 결론은 더 큰 파장을 불러왔다. 한마디로 통일교가 이단이 아니라는 것이다. 통일교와 개신교는 성경 해석의 차이가 있을 뿐이라고 주장했다. 이는 통일교를 이단으로 규정하던 기존 교단과는 다른 견해였다.

그 다음 해 통일교에 대한 신학적 비판은 새로운 단계에 접어든다. 당시 연세대학교 신학대학장이자 연합신학대학원장이던 서남동 교수는 1969년 새문안교회에서 열린 '한국 기독교의 소종파 운동'이라는 주제의 신학 강연에서 충격적인 주장을 펼쳤다. 원리강론이 미래의 비전을 제시하는 신학서라는 내용이다.

한국의 지도적인 신학자가 통일교 교리에 대한 신학적 정당성을 주장하고 나서자 개신교단의 불같은 반발이 일어났다. 서 교수는 그래도 주장을 굽히지 않고 거듭 한국적 신학으로서 통일교의 가치를 발표했다. 결국 그는 퇴직한다.

통일교가 한국 교회의 화제로 등장하면서 목사들 사이에 원리공부의 붐이 일어났다. 그와 함께 조직적이고 격렬한 반대운동이 시작됐다. 문선명 총재는 그 반대에 대해 일일이 대응하지 않고 개신교회의 노회장급 이상 지도급 목사 300여 명에게 기독교 성지순례를 시켜주었다. 그러자 기성 교단에서는 성지순례 참석자 중 74명의 목사를 제명처분하고 나섰다.

이재석 초빙교수는 당시의 전후 사정을 이렇게 말했다.

> 개신교 측에서 초교파 운동과 통일교에서 실시하는 모든 행사에 참여하지 말 것을 지시했다. 접촉 자체를 원천봉쇄했다. 통일교는 이후 활동 방향을 사회적인 쪽으로 치중하게 됐다. 미국에 통일교가 건너간 초기에는 각 종교의 종교학자와 교수를 초빙하여 국내에서 못 다한 기독교 종교연합운동을 시작한다. 차라리 세계 문화와 기독교의 중심지에서 시작하자는 취지였다.

이런 복잡한 국내 사정을 뒤로하고 미국으로 건너간 문 총재는 뉴욕 근교에 통일신학대학원을 설립하는 일로 첫발을 내디뎠다. 종교는 진리를 바탕으로 하는 것이므로 진리부터 확산시켜 나가야 한다는 뜻이었다고 한다.

당시 미국은 격렬한 문화적 충격을 경험할 때였다. 케네디 대통령 암살, 킹 목사 암살, 냉전체제, 베트남전을 거치면서 미국적인 가치에 대한 일대 혼란이 일어난 것이다.

미국 불교 잡지 《트라이시클》 창간자 헬렌 트루코프는 그때의 분위기를 이렇게 말한다.

하루아침에 옳다고 믿을 만한 것들이 사라졌다. 젊은이들이 느끼는 혼돈과 절망감이 너무 커서 문화적인 반발이 일어났다. 한 가지 명백한 기준이 생겼는데 미국적인 것과 아닌 것을 나누어서 보게 됐다. 젊은이들 사이에서는 미국적인 것은 악, 미국 이외의 것은 선. 이런 이분법적인 표현이 거침없이 쏟아졌고 특히 동양에서 온 것은 무조건 좋은 것이라는 생각도 널리 퍼지고 있었다.

통일교는 이렇게 절망스러운 상황의 틈바구니를 파고들었다. 미국의 건국 이념인 기독교 정신으로 돌아갈 것과 하나님의 창조원리로 복귀할 것을 주장한 것이다.

일반 신자를 대상으로 한 전도보다 기성 목사와 신학자 중심으로 교리를 전파하던 통일교가 미국 사회에 일대충격을 준 사건이 일어났다. 1976년 9월 18일 미국 수도 워싱턴 광장에서 미국 역사상 최대 규모의 집회를 열었다. 이전까지 기록은 1963년 같은 자리에서 킹 목사가 20만 명을 대상으로 한 집회였으나, 통일교 집회에 모인 군중은 30만 명이었다. 이 기록은 지금까지도 깨지지 않고 있다.

동양에서 온 새로운 가르침과 가치관에 대한 관심이 높았던 탓이다. 가족의 붕괴와 미래 희망의 상실에 따른 정신적 혼돈 상태에 대해 순결과 가정의 가치를 앞세운 통일교의 강력한 메시지는 충분히 매력적이었다.

통일교 고위 관계자가 전하는 당시의 분위기는 이렇다.

경제적 풍요 속에서도 꿈과 희망을 잃어버린 미국 젊은이들에게 문선명 총재의 가르침은 새로운 내용이었다. 문 총재는 기독교의 사명과 책임을 강조하고 기독교의 부활과 재생을 주로 주장했다. 당시 모인 30만 명은 각 교단의 목사가 종파를 초월하여 데리고 온 신도들이다. 이것이 미국 사회에 엄청난 반응과 신선한 충격을 주었다.

통일교는 이후 몇 차례 더 대형 집회를 열었다. 일거에 미국과 세계에 통일교의 존재를 알리는 데 성공했다. 그러나 워싱턴 집회의 성공은 미국 보수 교단의 경계와 의심을 불러일으켰다.

통일교는 이후 미국 보수 사회의 집중적인 견제를 받는다. 갖가지

의혹이 무차별적으로 제기되었다. 결국 1980년부터 통일교 성금의 이자 소득에 대한 탈세 혐의로 재판이 시작되었다. 표적수사 논란과 종교의 자유에 대한 갖가지 문제가 제기된 가운데 당시 한화 약 70만 원에 해당하는 세금 천 달러 탈세혐의로 유죄 판결이 내려졌다. 1984년 문 총재는 1년 6개월의 실형을 선고받고 교도소에서 복역한다. 생애 여섯 번째의 옥살이였다.

통일교 고위 관계자는 미국보수교단과의 충돌을 이렇게 설명한다.

보수적인 주요 교단에서는 문 총재의 가르침을 진보적이라고 보고 있다. 전통적인 가치관과 다른 점이 많기 때문이다. 그들이 성서의 문자적 틀에 갇혀 있을 때 통일교는 기독교의 새로운 희망과 비전을 제시하고 나선 것이고, 그들은 이것이 비성서적 측면이 있다고 비판한 것이다.

문 총재의 재판 이후 통일교는 활동 방향을 전환한다. 특히 평화운동에 많은 공을 들였다. 그 상징적인 사건이 1991년 12월 평양에서 김일성 주석과 만난 일이다.

수십 년간 승공운동에 앞장섰고 교리에 공산주의가 사탄의 편이라는 것을 분명히 밝히고 있는 통일교의 지도자가 북한을 방문한 것은 당시로서는 충격적인 사건이었다. 특히 당시 핵사찰 문제를 둘러싸고 남북관계가 냉각기에 접어들었고 미국의 대북 압력이 거세던 때라 세계의 주목을 끌었다.

문 총재는 김 주석과 단독 면담한 자리에서 자신의 통일관을 피력했다고 한다. 이후 통일교는 종교가 아닌 기업의 형태로 북한에 진출했다. 합작회사인 평화자동차를 설립하여 자동차를 조립 생산하고 평양에서 호텔을 운영하며 문 총재의 고향인 정주에 평화공원을 세우는 일을 진행한다.

통일교와 북한 당국의 밀월은 김일성 주석의 사망과 당시 세계일보 사장을 맡고 있던 박보희씨의 조문 파문으로 잠시 주춤한 상태였다가 회복됐다. 통일교에서는 남북 관계를 성서 속의 카인과 아벨의 관계로 보고 있다. 결국 참사랑으로 통일을 이루어야 할 형제라는 인식이다.

통일교는 대부분 종교가 창종 과정에서 겪는 수난과 박해를 겪었다. 가톨릭교회와 함께 통일교 진단서를 집필한 고려대학교 사회학과 노길명 교수는 통일교의 발생 원인을 우리 사회의 구조와 그 변화를 능동적으로 대처하지 못한 기성 교회에서 찾을 수 있다고 진단했다.

통일교는 한국에서 태어나 한국적 특성을 고스란히 갖추고 있지만 그것을 무기로 세계에 진출하는 데 일단은 성공했다. 세계인들이 받아들일 수 있는 새로운 가치를 제시하는 데 성공했다고 보아도 좋을 것이다.

세계평화통일가정연합이라는 공식 명칭에는 통일교가 지향하는 가치와 이념, 교리체계가 담겨 있다고 보아도 과언이 아니다. 그들이 무엇을 주장하는지, 그리고 세상과 미래가 받아들일 수 있는 보편적인 가치가 담겨 있는지 꼼꼼히 살펴보는 일이 필요한 때다.

통일교의 뿌리는 기독교다. 그런 만큼 기독교 성서를 기본적인 경전으로 삼고 있으며 기독교의 신인 하나님을 신앙하고 있다.

통일교에서는 문선명 총재를 참부모님으로 섬긴다. 문 총재를 이어 한국회장과 세계회장을 맡았던 문형진 회장은 취임사에서 자신을 목회자로 표현했다.

> 아버님은 북한에서 한 사람 한 사람에게 전도할 때도 목사로서 그렇게 하셨다. 그리고 아버님은 모든 섭리적인 내용을 행하실 때도 목사로서 행하셨다. 새벽 2시 반에 일어나 우리를 성장시켜주시는 것도 목사로서 그렇게 행하셨다. 참부모님이시지만 목사로서 행하시는 것이다.

문 총재뿐 아니라 자신도 종교적으로 목사의 신분이라는 것이다. 통일교가 기독교를 배경으로 성장했다는 것을 새삼 느낄 수 있는 대목이다.

통일교는 성서 외에 독자적인 경전을 가지고 있다. 문선명 총재가 성서를 해석한 내용과 신과 직접 영적 교류를 통해 얻은 계시를 엮어 《원리강론》을 만들었다는 것이다. 통일교에서 《원리강론》은 신·구약에 견주어 성약(成約)으로 부른다. 세상을 창조한 신의 뜻이 이루어지

는 과정을 드러낸다는 뜻이다. 신·구약이
미완성이라면 성약에 해당하는《원리강론》
은 완전한 구원을 약속하고 있다고 주장한
다.

《원리강론》이 성약이라는 주장은 통일
교의 역사관에서 비롯됐다. 아담의 창조로
시작된 인류는 아브라함까지의 역사가 후
대를 준비하는 기반이 된 시대라고 설명한
다. 그 이후 예수까지의 시기를 인간의 지성
과 심성이 막 자라나기 시작한 구약의 시대

문선명 총재의 종교적 가르
침을 담은 원리강론, 통일교
의 신학적 기반이다.

로 보고 있다. 예수 이후의 때를 인류 역사가 장성해간 신약의 시대라
고 한다. 즉 인류가 자라온 유년기와 청소년기, 청년기가 지금까지의
역사라는 것이다.

이제부터는 문선명 총재의 가르침대로 인류가 완성을 향해 나가는
성약의 시대라는 것이 통일교의 주장이다. 이들은 인간의 타락 이후
실패해온 신의 뜻이 완전하게 이루어진다고 설명한다.

통일교가 기존의 기독교계로부터 강력한 비판을 받는 출발점은 성
서에 대한 상이한 이해와 해석에 있다. 어떤 종교든 경전은 절대적이
고 신성하다고 믿는다. 진리를 담고 있으며 현실을 구원할 수 있는 길
이 경전 속에 있다고 생각한다.

기독교계는 통일교의 성서 이해가 잘못됐다고 주장한다.《원리강

론》과 같은 해석의 바탕에는 성서와 계시에 대한 오해가 있다고 보는 것이다. 그렇다면 어떤 점이 기존의 신앙과 어긋나는 것일까?

기성 교회의 입장에서 가장 충격적인 내용은 예수의 구원이 실패했다는 주장이다. 그러므로 구원의 상징으로 여기는 십자가 역시 실패의 상징이라고 본다. 통일교에서는 예수가 이 땅에 온 것은 타락한 인간을 완전히 구원하려한 신의 뜻으로 왔다는 점을 강조한다. 그러므로 지상천국을 먼저 완성해야 했다고 설명한다. 결국 그 실패를 딛고 신의 뜻을 이룰 사람이 따로 있다고 믿는다.

통일교 신자들은 문선명 총재를 이 땅에 온 구원자, 즉 재림주인 메시아이며 참부모님으로 섬긴다. 《원리강론》은 "하나님은 이미 이 땅 위에 인생과 우주의 근본 문제를 해결하게 하시기 위하여 한 분을 보내셨으니, 그 분이 바로 문선명 선생이시다."라고 이 부분을 분명하게 설명하고 있다.

이어서 문 총재가 세상을 주관하는 섭리를 계시 받게 된 배경은 "선생은 혈혈단신으로 영계(靈界)와 육계(肉界)의 억만 사탄과 싸워 승리하신 것이다. 그리하여 예수님을 비롯한 낙원의 수많은 성현과 자유로이 접촉하시며, 은밀히 하나님과 영교하는 가운데서 모든 천륜의 비밀을 밝혀내신 것이다."라고 이야기하고 있다.

현실세계뿐 아니라 영계를 자유자재로 넘나들며 신과 영적인 교류를 꾸준히 해오며 이 세상을 주관하고 있다는 내용이다.

영계의 존재를 강력히 시사하고 영적 대상들과 접촉할 수 있다는 통일교의 세계관은 다분히 한국적이다. 이 세상과 저 세상의 경계를 넘나들며 끊임없이 인간 세계와 교통하는 영적 존재는 기존 기독교의 설명과는 다르다. 오히려 접신과 강력한 신비를 주장하는 동양의 신비적 종교관을 담고 있다.

통일교 교리에는 이 같은 동양의 색깔이 많이 드러난다. 특히 음양(陰陽) 철학을 바탕으로 한 이성성상(二性性相)의 설명은 전통적인 동양의 세계관이다.《원리강론》의 내용은 이렇다.

> 존재하는 것은 무엇이든지 그 자체 내에서뿐 아니라 다른 존재들과 사이에서 양성과 음성의 이성성상이 상대적 관계를 맺음으로써 비로소 존재한다.

통일교는 이성성상이 존재를 형성하는 근본 원리임을 주장한다.

문형진 회장은 문 총재가 그 같은 가르침을 편 배경을 "아버님은 자연을 살펴보면서 이성성상의 원리를 깨달으신 것 같다. 전자와 양자, 식물의 암술과 수술, 남자와 여자, 몸과 마음. 세상은 이렇게 두 가지 상대적인 원리로 구성되어 있으며 조화와 통일이 필요하다는 것을 가르쳐 오셨다."라고 설명했다.

통일교는 이 두 가지 상반돼 보이는 것이 대립을 끝내고 통일되어야 신의 섭리가 완성된 행복한 세상이 온다고 본다. 그것이 외형적으로 가장 잘 드러나 있고 직접 느낄 수 있는 부분이 남자와 여자가 만나 이루는 가정이니, 가정의 행복을 결국 세계 평화가 이루는 근본으로 삼는 것이다. 남과 북, 한국과 일본의 적대적인 관계도 그런 점에서 반드시 해결하고 통일을 이루어야 한다고 말한다.

한국종교학회의 김탁 박사는 통일교에 한국적인 종교의 특징이 분명히 내재한다고 설명한다.

> 강증산의 가르침은 이후의 모든 종교에 영향을 미쳤다. 역사의 전개를 원한을 풀어나가는 해원의 과정으로 설명하는 점과 창종자 자신이 우주 최고 주재자거나 그 대리자임을 자각하는 점이 그렇다. 통일교에서 말하는 이상세계 천일국도 결국 후천개벽의 사상으로 설명할 수 있다. 상생(相生)이나 해원(解寃) 등의 가르침은 통일교에도 영향을 미쳤다고 볼 수 있다.

통일교는 인간의 타락으로 창조자의 뜻이 이루어지지 못했고, 예수의 구원이 완성되지 못했으므로 해원시켜주는 것이 통일교인의 사명이라고 한다. 지상천국을 이루는 것으로 예수의 해원이 되며 그것이 복귀섭리를 통한 해원으로 가능하다고 주장한다.

동양적인 시각과 종교관으로 성서를 해석함과 동시에 통일교는 동양적인 가치관을 강력히 주장했다. 통일교 관계자는 통일교의 동양적인 가치관은 미국 사회에 깊은 영향을 주었다고 평가했다.

젊은이들이 정신적 공허 속에서 혼란을 겪을 때 통일교에서 가르치는 순결과 가정의 가치는 엄청난 반응을 불러왔다. 성적인 문란, 이혼과 가족의 붕괴에 대한 확실한 메시지를 준 것이 문 총재의 가르침이다.

구약성서는 아담과 이브가 선악과를 따먹은 것이 인간 타락의 시초로 설명한다. 통일교는 이것을 인간의 성적타락으로 해석한다. 통일교가 벌이는 순결운동은 이런 교리를 바탕으로 하고 있다. 통일교에서 운영하는 선문대학에는 세계에서 유일하게 순결학과가 있다.

인간의 원죄가 불륜과 음란으로 인한 성적 타락에서 비롯했다는 통일교의 타락론은 기성교회의 강력한 비난을 받는다. 게다가 통일교 비판자들은 이것을 피가름 논쟁의 근거로 삼으며 원색적으로 비방하는 단초가 됐다.

선문대학교 김봉태 전 총장은 성서 해석의 논쟁에 대해 이런 견해를 밝혔다.

성서의 내용은 현대에 와서 과학과 이성적 판단으로 납득할 수 없는 부분이 많아졌다. 기존 기독교에서는 문구에 매달려 성서를 해석하기 때문에 근본적인 물음에 명쾌한 답을 내놓지 못하고 있다.

문 총재는 영적인 세계에 들어가 하나님의 계시를 직접 받아

성서의 원리를 해석했다. 창세기 당시로 돌아가고, 예수 시대로 돌아가 직접 보고 해석한 내용이 《원리강론》이다.

인간 타락의 근원을 밝히는 것이야 말로 신의 섭리로 복귀하는 근본이 되며 통일교의 타락론은 그에 대한 분명한 해답이라는 것이다. 그것을 받아들이는 것은 논리 보다 절대적 믿음이 필요한 신앙의 영역이다.

시대가 변하면서 옛것만으로는 오늘을 완전히 설명하지 못한다. 이 세상에 새로운 종교가 나타나는 것은 인간은 언제나 새로운 문제와 만나고 있기 때문이다. 유대교를 뿌리로 기독교의 가지가 뻗어났고 그 배경으로 이슬람교가 나타났다. 팔레스타인의 사막으로부터 이 땅에까지 그 씨앗이 날아와 통일교가 태어났다. 통일교는 이제 막 움트기 시작해 사방으로 가지를 뻗고 있다.

종교를 이해하려면 백 마디의 교리를 듣는 것보다 그 종교를 믿는 한 사람의 행동을 보는 것이 더 쉽고 빠른 경우도 있다. 세계평화통일가정연합을 알기 위해 그들이 어떤 일을 하고 있는지 살펴보는 것도 필요할 것이다.

어떤 집단이든 시간은 변화를 불러온다. 시간은 우리 앞에 존재하는 가장 강력한 우주의 힘이기 때문이다. 통일교는 지금 변화의 기로에 서 있다. 창종자인 문선명 총재가 세상을 떠나며 교단은 안팎으로 변화를 강요받고 있다.

통일교의 활동은 크게 교회와 기업, 사회단체들로 나눌 수 있다. 통일교의 핵심인 교회와 기업이 2세들과 초기 교회의 인물들에게 승계되었다. 그러나 일부에서는 상속에 따른 재판 등의 잡음도 새나오고 있다.

통일교는 문선명 총재 부부를 참부모님으로 섬기고 그 자녀를 참가정이라고 부른다. 참부모에서 참가정으로 통일교 사명의 섭리가 이어졌다고 말하고 있다. 통일그룹의 문국진 전 이사장이 통일 그룹을 이끌때 밝혔던 목표는 이렇다.

통일교회를 도와주는 조직이 통일그룹이다. 이 조직을 통해 교회활동을 돕는 것이 그룹의 임무이다. 통일그룹은 기업과 교회의 일치를 보여줄 것이다. 기업을 통해 창조한 가치를 교회의 성장과 부흥을 위한 밑거름으로 삼아야 한다.

통일그룹은 통일교의 외적 규모와 형태를 보여주고 있다. 국내에 20여 개 기업을 거느린 기업 집단으로 준재벌에 해당한다. 고려대학교 사회학과 노길명 교수는 통일그룹의 영향력에 대해 이렇게 말한다.

통일교의 실제 신자 수는 많지 않다. 그만큼 종교계에서 종교적 영향력은 제한적일 수밖에 없다. 통일교가 적지 않은 영향력을 가질 수 있는 배경에는 막강한 경제력이 있다. 통일그룹이 경제력의 주축이다. 통일교의 교리가 경제적 투신을 촉진하는 윤리를 바탕으로 삼기 때문에 지금과 같은 성장이 가능했다는 해석도 있다.

통일그룹은 문선명 총재가 예화산탄공기총제작소를 설립하여 공기총을 만든 데서 그 뿌리가 시작된다. 이후 사업체가 번성하기 시작하여 음료수와 약품을 만드는 일화를 비롯해 일신석재, TIC, 선원건설, 세일여행사, 디오션리조트, 용평리조트 등 알짜배기 기업군과 언론사인 세계일보를 경영하고 있다.

그러나 통일교의 경제적 기반은 해외에서 유입되는 헌금에서 비롯됐다는 견해도 있다. 특히 일본은 통일교의 외적 발전을 이루는 데 가장 큰 역할을 담당했다. "일본 신도들의 헌신적인 노력이 통일교의 기반이 된 것이 사실이다. 그래서 그들에게 각별히 신경 쓰고 있다"는 것이 문형진 회장의 설명이다.

일본에서 통일교가 퍼지던 초기 돌항아리, 도장 등의 국내 가공제품은 일본 신도들에 의해 고가에 팔렸다. 그러나 영감상법(靈感商法)이라는 이름의 판매행위는 일본 사회에서 일부의 반발을 불러오기도 했다. 일본에서 통일교 기업의 주축은 해피월드그룹으로 알려져 있다.

미국에서 통일교는 훨씬 더 큰 기업 활동을 벌이고 있다. 우선 언론에 집중적으로 투자하여 경영난을 겪던 세계적인 통신사 UPI를 인수했고, 워싱턴타임스를 경영하고 있다. 그뿐 아니라 호텔, 항공기운항사 등을 갖고 있어 재산의 외적 규모를 추정하기가 힘들 정도다.

그 중 가장 큰 이익을 주고 있는 곳은 트루월드그룹이다. 이곳은 미국 내 수산물 유통망을 거의 장악하고 있다고 평가받는다. 미국 내 9,000여 개 스시업체와 거래하고 200여 개 고급 일식집을 경영하고 있다는 것이다.

미국 내 통일교 관련 기업의 성공에 대해 노길명 교수는 이렇게 진단했다.

미국 젊은이들이 어려운 일을 기피할 때 통일교에서는 《원리강론》으로 무장한 청년들을 그 분야에 투입했다. 대표적인 것이 원양어업 등의 수산업 부분이다. 아무도 일하려고 하지 않는 곳에서 통일교의 청년들은 기꺼이 그 일을 했던 것이다.

청교도 정신이 자본주의를 성장시키는 중추가 됐던 것처럼 통일교 신학도 경제적 발전의 핵심 역할을 했다는 분석이다.

통일교의 핵심 인사인 이재석 전 한국협회장은 통일교가 헌금에 의지하기보다 적극적인 경제활동을 벌인 교리적인 배경을 이렇게 설명한다.

인간이 타락함으로 인해 만물이 타락한 인간의 지배하에 들어갔다. 그러나 인간이 타락에서 회복되면 만물도 회복될 것이라는 것이 통일교 교리의 핵심이다.

즉 통일교를 통해 회복된 인간이 경영하는 기업은 물질도 회복되므로 번성할 수밖에 없다는 설명이다.

그는 초기 통일교회의 경우 입교하면 3년 동안 세 사람 이상 전도하고 만물복귀를 하여야 신앙의 축복을 받을 수 있었다고 증언했다. 만물복귀란 통일교 기업에서 일하는 것도 포함한다.

통일교 계열 기업의 성공은 이렇게 헌신적인 교인들의 노력에 의해 이루어진 것이다.

그러나 국내 통일그룹도 IMF 외환위기를 비켜가지 못했다. 가장 먼저 위기가 닥친 곳은 통일중공업이었다. 국산 정밀가공기술의 선구자로 각종 방산장비의 생산과 독자적인 기술을 갖고 있던 통일중공업은 기업의 규모가 커지자 노사분규의 대표적인 사업장이 되고 말았다. 초창기 신도 중심의 가족적인 분위기와는 달리 대규모 사업장이 겪을 수밖에 없는 기업의 시험이 닥친 것이다.

결국 회사는 부도를 맞고 통일그룹으로부터 떨어져 나간다. 그룹으로서는 최초의 시련이었다.

통일중공업을 시작으로 지급 보증 관계에 있던 한국티타늄, 일성종합건설, 일신석재 등이 연쇄 부도를 겪었다. 이들도 통일그룹의 품을 떠났지만 지금은 경영권을 되찾은 상태다.

통일그룹 관계자들은 그룹의 미래에 어느 때보다 낙관적인 전망을 갖고 있다. 통일그룹 관계자는 이렇게 설명했다.

> 문국진 전 이사장이 경영을 맡았던 기간 동안 그룹 내 모든 기
> 업이 정상적인 운영으로 돌아섰다. 세계일보를 제외한 모든 사
> 업체가 흑자를 내고 있다. 70%가 적자였던 과거에 비해 획기
> 적인 변화가 시작됐다. 짧은 시간 동안 이런 가시적 성과를 보
> 이는 것이 쉽지 않다.

문국진 전 이사장은 독특한 경력의 인물이다. 세 살 때 문선명 총
재를 따라 미국으로 건너간 후 하버드대학교에서 경제학을 전공하고
마이애미대학교에서 경영학석사(MBA) 과정을 마쳤다.

부친과는 무관하게 총기를 만드는 세일로라는 회사를 설립해 미국
에서 주목받는 기업으로 성공했다. 그는 총기 제작과 관련한 특허를 6
개나 가지고 있다. 통일그룹이 공기총 제작에서 시작됐다는 것을 돌
아보면 특별한 인연이다. 그의 설명대로 어쩌면 "피 속에 그런 자질이
흐르는 지"도 모를 일이다.

통일교는 이밖에도 리틀엔젤스, 유니버셜 발레단 등의 문화예술
단체를 이끌고 있다.

그것이 다 건강하게 일하고 행복한 삶을 누리자는 세계평화통일가
정연합의 종교적 이념과 일치하기 때문이라는 것이다.

문국진 통일그룹 전 이사장은 통일교의 종교적 이념과 통일그룹의

기업 목표는 어떻게 일치하는가에 대해 이렇게 답했다.

> 지금은 통합의 시대이다. 과거에는 종교와 기업의 목적과 이해
> 가 달랐지만 지금은 여러모로 통합되는 추세이다. 통일교의 이
> 념은 분열된 것을 화합하고 통일시키는 것이다. 종교적인 신념
> 과 세속과 시장의 철학이 융합될 수 있을 것이다. 기업이 돈을
> 번다는 것이 자신만을 위한 것이 아니라 사회적인 공익과 합치
> 되어야 한다고 본다. 개인의 행복과 회사나 사회 등 전체의 이
> 익을 일치시킬 수 있어야 한다는 것이 통일그룹의 목표이다.

종교적 가르침과 집단이 절대화되면 순교는 자연스러운 가치가 된
다. 그러나 통일교는 종교보다 가정을 선택하라고 가르친다. 그것이
신의 뜻이라는 것이다. 신은 인간이 평화롭고 행복하게 살기를 원한
다고 주장한다. 신과 인간은 부모와 자식의 관계이고, 자식의 행복을
원하는 것은 부모의 당연한 뜻이라고 한다. 다음은 통일교 고위 관계
자의 말이다.

> 만일 집안에서 통일교로 인해 종교 갈등이 생긴다면 종교를 버
> 리고 가정을 지키라고 권한다. 종교는 목적이 아니라 수단일 뿐
> 이다. 평화와 행복을 주지 못한다면 의미가 없다.

현재 통일교의 등록 신자는 80만 명이지만 실제 종교활동을 하는 인원은 이보다 훨씬 작아 30만 명에 미치지 못할 것이라는 것이 일반적인 관측이다. 적극적인 활동을 하는 신자는 10만 명 남짓이라는 주장도 있다. 전국에 약 450여 개의 교회가 있고 한 교회당 평균 300여 명이 출석한다고 추정되므로 대략적인 신자의 수를 가늠할 수 있다.

통일교에 대규모 교회는 찾아볼 수 없다. 역사가 시작된 청파동의 본부교회조차 초창기 모습에서 크게 벗어나지 않은 작은 규모다. 통일교회가 작은 형태를 유지하는 것은 문선명 총재의 뜻이다. 평화교수아카데미 관계자는 문 총재의 교회관을 이렇게 설명했다.

> 교회를 크게 짓고 대형화하는 것은 정도가 아니라는 것이다. 교회는 사회와 인류를 위해 재정을 운용해야 하며 교회 자체의 외형과 자산을 위해 신도들의 헌금을 써서는 안 된다고 강조한다. 기본적으로 교회는 인류를 위하여 존재한다는 가르침이다.

선교에서도 적극적인 활동을 권하지 않는다. 통일교를 믿으라고 외치지 말고 대신 어떻게 사는지 보여주라는 것이 문 총재의 권유다. 좋은 가정을 만들어 행복하고 평화롭게 살아가는 모습을 주변에 보여주는 것이 선교보다 가치 있는 일이라고 강조한다.

선교와 대외적인 교회활동 대신 통일교는 교육기관과 사회활동, 비정부기구(NGO) 활동에 공을 들인다. 선화유치원, 선화예술중·고교, 경복초등학교, 선정중·고교, 선정실업고, 청심국제중·고교, 청심 신학대학원대학교, 선문대학 등 유치원에서 대학에 이르는 교육기관 을 운영한다. 신학을 전공하는 대학원대학교와 선문대학의 일부 학과 를 제외하고는 종교적 색채를 크게 드러내지 않는 것이 통일교 운영 학교의 특색이다.

선문대학 순결학과는 통일교가 지향하는 교육 목적을 가장 잘 보 여줄뿐더러 통일교의 핵심이 담겨 있다 해도 과언이 아니다. 1999년 학과 설립 당시부터 성차별 논쟁과 더불어 세간의 관심을 끌었던 곳 이다.

'가정의 건전한 사랑 실천 문화를 확립하기 위해' 학과를 개설했 다. 인간의 성적 타락으로 인해 지상천국을 만들려는 신의 뜻이 이루 어지지 못했으므로 순결한 인간이 되는 것은 신의 섭리로 복귀하는 최선의 길이라는 것이 통일교의 핵심 교리다. 신학의 실천적 운용과 교육에 통일교가 얼마나 고심하고 있는지 보여주는 단적인 예가 될 것이다.

통일교에서 지원하는 대부분 사회활동은 이렇게 통일교의 기본원 리가 짙게 깔려 있다. 평화교수아카데미, 국제승공연합, 남북통일운동 국민연합, 세계평화 여성연합, 유엔평화군 성전추모연합회 등 보편적 활동을 펼치는 통일교 지원 단체들도 창조 원리의 복귀라는 점에서 일맥상통하는 종교적 배경을 갖는다.

비교적 최근에 활발한 활동을 전개하는 초종교 초국가연합, 천주

연합, 평화대사운동 등은 인류의 공통선인 평화와 화해의 가치를 전면에 내세우고 있다. 대부분 활동은 평화와 종교 간의 화해를 목적으로 내세운다. 특히 평화대사운동은 종교의 울타리를 넘어 사회지도층 인사 수백 명이 활동하고 있다. 국내뿐 아니라 세계 180여 개국에서 운영한다.

통일교 사회활동은 국제적 연대를 이루고 있다는 특징이 있다. 미주와 아프리카에서 활발히 움직이고 통일교 교회가 진출한 나라에서는 대부분 사회활동도 함께 한다. 통일교를 비판하는 이들은 그것이 세력 확장을 위한 위장술에 불과하다고 주장한다.

그런 지적에 대해 통일교 유력인사의 반박은 이렇다.

> 다양성과 열린 가치를 지향해야 미래를 향해 나갈 수 있다. 세상의 갈등은 대부분 상대를 인정하지 않기 때문에 빚어진다. 통일교가 평화와 화해, 상생을 위해 애쓰는 것은 인류를 위해 반드시 필요한 일이기 때문이다.

통일그룹의 주 사업 분야가 레저스포츠에 집중되고 있고 피스컵 축구대회 등을 개최하는 것도 이념과 종교를 떠나 동질성을 느낄 수 있고 사람을 행복하게 만들어주는 일이기 때문이라는 것이다.

어떤 외형적 형태를 내세워도 통일교는 종교다. 믿음이라는 기반이 없으면 종교는 불가능하다. 그 믿음의 중심에는 종교를 세운 이가 있다. 통일교를 신앙하는 이들은 문선명 총재가 재림한 구세주라는 것을 믿어 의심치 않는다. 제자들은 문 총재가 가르친 《원리강론》의 합리적 해석에 수긍하고, 그의 종교인으로서 헌신적인 모습에 감복했다. 초창기에 통일교에 입교한 제자일수록 문 총재에 대한 믿음이 강하다. 그 반대편에 선 이들은 바로 그 점 때문에 문 총재와 통일교를 비난한다.

선문대학교 신학대학원 이재석 초빙교수는 초기 통일교회의 모습을 이렇게 회고했다.

> 문 총재는 교회에 찾아온 신자 한 사람 한 사람이 참사람이 되도록 심령을 길러주는 목회를 했다. 청파동 교회에서 노인 한 명을 위해 밤새도록 《원리강론》을 설명하고 축도하는 모습을 볼 수 있었다. 1960년대까지는 그야말로 목회 때마다 감동이 넘쳐났다. 지금은 그런 모습을 찾아보기 힘들다.

교세가 커짐에 따라 초창기 교회의 강한 일체감이 엷어졌다고 했다.

내가 옳다는 것을 주장하기보다 모든 사람을 위하여 사는 삶을 보여주라는 문 총재의 주장은 자신에게도 철저했다는 것이 주변의 평이다. 아들 문형진 목사는 "어렸을 때는 아버지가 불만스럽게 느껴질 때도 있었다. 자식인 저보다 항상 남에게 더 잘 대해주시는 것이 싫었다.

모든 생활이 낱낱이 공개돼 있어 양치질하실 때도 개인적인 시간이 없으셨다."라고 이야기한다.

통일교가 지향하는 최종적인 목표는 지상천국의 건설이다. 오해받기 쉽고 비현실적으로 느껴지기 쉬운 주장이다. 2006년 6월 13일 문선명 총재는 경기도 가평군 설악면 장락산에서 열린 천정궁 박물관 개관식에서 태평성대의 이상천국이 이루어졌음을 선포했다.

> 기나긴 한의 세월 선천시대를 접고 이 땅에 신천신지를 창건할 수 있게 될 후천개벽의 시대를 열어주신 것이다. 실체적으로 이 지구성을 하늘 앞으로 환원하기 위한 역사적 대혁명의 출발이었다.

그 전 해에 이미 지상천국인 천일국의 출발이 있었다는 것이다. 문 총재가 밝힌 수많은 종교적 계시 중 하나지만 그 의미는 자못 다르다. 영적으로는 이미 지상천국이 이루어졌고 앞으로 그것이 현실적으로 구현되는 과정만 남았다는 것이다. 언제 이루어질지는 특정할 수 없지만 분명히 이루어질 것이고 지금도 그 목적을 향해 세상의 변화가 시작됐다고 한다. 쉽게 믿기 어려운 주장이다. 그러나 그 가르침을 믿고 열렬히 구현해가는 신자들도 엄연히 존재한다.

근래 통일교는 '가정당'이라는 정당을 만들어 현실정치의 진입을 시도했다. 총선을 통한 원내 진출은 실패하고 말았으나 내부에서는 실패가 아니라는 평가다. 집단의 이해와 대립만 존재하는 정치의 틀을 바꾸기 위해 첫발을 내딛었다는 주장이다. 통일과 평화를 실현시키려는 먼 계획의 출발이라는 것이다. 가정당은 참사랑이 바탕인 순결한 참가정을 만드는 것을 정당목표로 삼았다. 현실 문제에 대한 종교적 대안을 제시했다는 주장이다. 현실정치인들은 몽상적 주장이라 일축했다.

종교는 현실을 그리고 있을 뿐 아니라 미래의 비전을 보여준다. 통일교가 전해주는 미래는 평화와 통일과 행복의 세상이다. 그 세상을 위해서라면 통일교는 종교의 형식을 벗을 수도 있다고 한다. 인류를 위하는 일이라면 어떤 활동이라도 가능하다는 것이다.

통일교 고위 관계자는 진로에 대해 이렇게 말했다.

> 종교와 국가, 사회 등 인간이 만든 모든 것은 행복과 평화를 위한 도구여야 한다. 굳이 종교적 외피에 집착할 필요가 없다. 세상에 행복을 가져다주지 못한다면 거창한 가르침도 허망할 것이다. 화해와 조화의 세상을 위해 나가는 것이 통일교의 목표이다.

통일교는 한국적인 종교다. 세계 곳곳으로 뻗어가고 있지만 이 땅에서 태어났고 한국적인 가르침을 담고 있다. 신령, 해원, 상생, 후천개

문총재 사후 한학자 총재는 문선명 총재의 강론을 모두 모아 천성경과 평화경을 편찬 반포했다

벽 등 한국의 종교에서만 찾아볼 수 있는 독특한 세계관이 깔려 있다. 외국 신자들도 한국은 신앙의 모국이다. 지상천국이 가장 먼저 이루어지는 곳이며 신심의 고향이 우리나라다. 한국에서 태어나 가장 먼저 이념과 종교와 민족의 국경을 넘었다.

문선명 총재의 성화 이후 한학자 총재가 그 뒤를 이었다. 누구보다 문 총재의 뜻을 잘 이해하므로 통일교의 정체성을 재확립 할 것으로 전망된다.

한 총재가 보인 첫 사업의 성과는 문 총재가 남긴 설교를 모아 천일국의 3대 경전이라는 《천성경》, 《평화경》, 《참부모경》의 편찬을 완성한 것이다. 통일교에서 주장하는 지상천국을 위해 법률격인 《천일국 헌법》도 반포했다. 미래를 위한 비전으로 "창조주 하늘부모님을 닮는 참사랑을 실천하는 천일국의 참주인이 되자"는 표어를 내걸었다. 문선명 총재가 펼친 가르침이 한 총재에게도 그대로 이어져 세상의 구원이 완성되고 평화로운 지상천국이 이루어질 것인지는 통일교에 남겨진 숙제이다.

물질이 개벽하니
정신을 개벽하자

원불교 소태산 박중빈

박중빈(1891~1943)

　전라남도 영광에서 태어났고 아명은 진섭, 자는 처화, 중빈은 깨달은 후에 지은 이름이다. 원불교에서는 소태산 박중빈 대종사로 칭한다. 어려서부터 자연의 이치와 종교적 신비에 깊은 관심을 가졌다고 전한다. 박중빈은 스스로 20여년 가까운 종교적 탐구를 했던 것으로 밝힌바 있다.

　원불교에서는 소태산의 일생 중 중요한 열 가지 사건을 일러 대종사 십상으로 부른다. 그 첫째는 하늘을 보고 의문을 일으킨 일로 7살 때 하늘을 보고 자연현상에 대한 의심을 일으켰다 한다. 둘째는 11살 때부터 5년 간 산신을 만나러 산으로 올라갔다하고 셋째로 15세에 결혼한 이후 그 다음해부터 6년 동안 스승을 만나겠다며 곳곳을 찾아 헤맸다 전한다. 넷째로 선진포 나루터에서 한나절 동안 선채로 입정에 들었던 일을 꼽는데 본격적인 종교적 각성의 시기가 이때부터 시작된 것으로 여겨진다. 다섯째는 26세의 나이인 1916년 4월 28일 새벽 비로소 마음이 밝아져 세상 모든 일에 대한 의심이 풀린 대각의 순간이 왔고 이날이 원불교의 창교일인 대각개교절이다. 여섯째는 영산 앞바다에 간척사업을 벌리고 저축조합을 일으켜 민생을 돌보려 한 사업을 꼽는다. 일곱째로 1919년 백일기도를 마치고 제자들과 함께 세상을 위해 순절할 것을 맹세한 일을 든다. 여덟째는 부안 변산의 봉래정사에서 원불교 교리의 핵심과 강령을 정하였다하고, 아홉째로 1924년 익산 총부가 있는 신룡리에서 '불법연구회'를 열고 세상에 원불교의 진리를 펼친 일을 '신룡전법상'이라 하여 중하게 기리고 있다. 1943년 6월 1일

소태산 박중빈 대종사 진영

열반에 든 것을 소태산의 마지막 십상으로 꼽는다.

원불교는 '물질이 개벽하니 정신을 개벽하자'를 종교적 표어로 들고 있다. 불교와는 일정한 차이를 보이고 있지만 초창기 '불법연구회'로 시작하여 생활불교를 표방한 바 있다. 일찍부터 경제적 자립을 이루었고, 교육기관과 엄격한 교직자 양성에 성공하여 비교적 탄탄한 교세와 대외 활동을 유지하고 있다. 사회문제에 소신 있는 발언을 아끼지 않는 사회개벽교무단이 종교적 양심세력을 자임하고 있다. 사회사업에 치중하여 전국에 180개 넘는 복지 단체를 운영하고 있고, 원음방송으로 방송 포교에도 앞서고 있다. 특히 군종장교 배출로 젊은 사병들에게 원불교 교리를 전한 것은 미래세대를 위한 확실한 대비로 꼽는다. 때문에 원불교는 개화기 이래 창종한 신종교 중에서는 가장 안정적인 모습을 보인다고 평가된다.

그러나 원불교는 창종 100주년을 맞으면서 안팎으로 변화를 위한 진통을 겪고 있다. 남녀 교무의 평등문제와 현실 적응 문제, 종교적 정체성에 대한 끊임없는 질문들을 맞고 있는 것이다. 시대의 격변을 잘 헤쳐 온 이제까지의 역량대로 원불교의 미래 또한 큰 변동은 없을 것이라는 것이 종교계 안팎의 평이다.

원불교를 창종한 이는 소태산 박중빈(少太山 朴重彬, 1891~1943)이다. 원불교에서는 그를 대종사(大宗師)로 칭한다. 그는 구한말이라는 격변의 시기에 태어났다. 전남 영광군 백수면 길용리 영촌, 벽지의 마을이 그의 고향이다. 어려서 이름은 진섭(鎭燮)이었고, 결혼 후 처화(處化)라는 자를 썼다. 중빈(重彬)은 종교적 각성을 이룬 후 스스로 붙인 이름이다.

그의 시대는 민족사의 격변기로 갖가지 종교가 봇물 터지듯 쏟아지던 시절이다. 민족종교의 대표격인 천도교, 증산 계열의 종교, 대종교 등이 모두 이 시기에 태어났다. 게다가 그 종교의 창종자들은 민족 침탈이라는 현실의 해결책으로 종교적 대안을 제시했다. 그만큼 현실의 문제와 민족의 문제가 모든 이의 관심사였다. 그렇지만 소태산 박중빈의 경우는 조금 달랐다. 그 무렵 종교를 창종한 이들이 대체로 강렬한 사회적 관심을 가진 데 비해 그는 처음부터 철학적이고 종교적인 사색에 빠져 있었다고 전해진다.

소태산은 열 살을 전후해서 2년 남짓밖에는 글공부를 하지 않았다. 어린 시절부터 철학적 의문과 종교적 관심이 컸다고 한다. 원불교 경전인 《대종경(大宗經)》에는 어린 시절을 회고하는 소태산의 육성이 남아 있다.

1943년 불교시보사 발행 원불교 초기경전

나는 또 어렸을 때부터 우연히 진리 방면에 취미를 갖기 시작하여, 독서에는 별로 정성이 적고, 밤낮으로 생각하는 바가 현묘한 그 이치여서, 이로 인하여 침식을 다 잊고 명상에 잠긴 적이 한두 번이 아니었으며, 그로부터 계속되는 정성이 조금도 쉬지 않았다.

글 공부를 하던 11살 무렵 산신 이야기를 듣고는 직접 만나보겠다고 집 뒤 마당바위에 올라 5년 동안 열렬히 기도했다는 행적은 그의 강렬한 종교적 호기심을 보여준다. 시대 상황은 그에게는 관심의 대상이 아니었다. 오히려 산신령이나 도사에 대한 환상이 밤낮으로 그를 사로잡고 있었다.

아무리 간절하게 기도를 해도 산신과 도사를 만날 수 없자 그는 깊은 회의와 사색에 빠져들었다. 《대종경》에는 "이 일을 장차 어찌 할고?"라는 의심에 잠겼다고 전한다. 일상은 안중에 없고 오직 그 생각에만 잠겨 있어서 주변에서는 폐인이 됐다고 그를 피하기까지 했다.

1916년 4월 28일은 원불교의 '대각개교절(大覺開教節)'이다. 그날 새벽 오랜 의심 끝에 소태산 박중빈의 깨달음이 있었다는 것이다. 그는 깨달은 궁극의 경지를 '일원(一圓)의 이치'라고 표현했으며, 원불교(圓佛教)라는 교명은 이로부터 비롯됐다.

원불교라는 이름을 들으면 갖게 되는 의문이 있다. 원불교는 불교인가, 아닌가? 불교와는 어떤 관계가 있을까? 서울대 종교학과 윤이흠 명예교수는 그 물음에 대해 이렇게 답했다.

불교와는 큰 관계가 없다. 원불교의 핵심은 새로운 시대가 온다는 '개벽(開闢)'의 사상이다. 원불교도 19세기 말 천도교, 동학, 증산교로 이어지는 새시대에 대한 종교적 열망의 흐름 속에 있다고 봐야 한다. 불교적인 언어와 사상이 약간은 있을지라도 원불교의 중심은 아니다.

소태산은 개교를 선언하면서 '물질이 개벽하니 정신을 개벽하자'는 표어를 내세웠다. 세상이 바뀌니 정신을 바꾸자는 선언이다. 물질 문명의 시대가 닥쳐오므로 그에 사로잡히지 않으려면 정신을 바로 닦아야 한다는 것이다. 그는 '묵은 세상의 끝이요 새 세상의 처음'이니 '동방에 밝은 해가 솟아오르는 때'가 됐고 모두 이에 대비해야한다고 천명했다.

그가 깨쳤다는 소문이 퍼지자 사방에서 사람이 몰리기 시작했다.

몰려든 사람 중에는 후에 그의 법통을 이은 정산 종사도 있다. 박중빈은 그 중에서 아홉 명의 제자를 두고 독창적인 종교적 실험을 펼친다. 우선 저축조합을 세우고 금주금연, 허례허식 폐지, 미신타파, 근검저축이라는 생활개선과 사회운동을 시작한 것이다. 비현실적 구원의 추구가 아니라 현실적 삶의 개선을 실천한 점은 분명 당대의 종교들과는 차이가 있었다. 원불교는 이후에도 사회운동을 지속해간다.

저축조합을 기반으로 박중빈이 시도한 것은 갯벌을 막는 간척사업이었다. 방언공사라고 표현하는 간척사업을 통해 85,950여 m^2(26,000평)에 이르는 농지가 생겼다. 하나 둘씩 모인 교인들이 오직 맨몸으로 이룬 대역사였다. 정관평이라고 부르는 간척지와 인근 기도처 등은 영산성지로 원불교의 뿌리가 있는 곳이다.

교인들은 낮에는 노동하고 밤에는 박중빈에게서 가르침을 받아 정신수양을 했다. 육신과 정신이 모두 온전해지는 '영육쌍전(靈肉雙全)'의 교의를 실천했다고 한다. 최초의 교당인 구간도실도 만들어졌다. 이로부터 원불교는 교단이 자립할 수 있는 터전이 생겼고 세간의 신뢰를 얻었다. 그와 함께 일제도 이 '정체불명'의 집단을 주목하고 있었다.

공사가 끝날 무렵 박중빈은 영광경찰서에 소환돼 일주일 동안 조사를 받았다. 배후가 있는지 불온한 세력은 아닌지, 돈은 어디서 나오는지 샅샅이 검사했다. 경찰서에서 풀려나자 박중빈은 곧바로 처소를 옮겨버렸다.

영산에서 칠산 바다 건너 변산반도가 그가 찾은 곳이다. 이곳에서 원불교의 초기 경전과 교리, 그리고 수행체계가 완성된다. 박중빈은 《조선불교혁신론》을 지어 불교를 포함해 당시 기성 종교의 무기력을 지적했다.

그가 제시한 원불교의 방향은 "외방의 불교를 조선의 불교로, 과거의 불교를 현재와 미래의 불교로, 산중승려 몇 사람의 불교를 일반대중의 불교로 혁신하려는 것이다."라고 밝혔다. 그는 이때부터 불교의 수행법이나 용어를 적극수용하게 된다.

당시 박중빈은 철저히 생활과 밀착되는 종교적 실천에 관심을 갖고 있었다. 불공하러 가는 노인을 불러 절에 있는 부처보다는 주변의 가족에 더 공을 들이라는 실사불공(實事佛供)의 가르침이라든가, 함께 일하는 사람을 살아 있는 부처로 섬기라는 일화 등이 이때 주로 나온 것이다. 그의 가르침은 파격이었지만 사람들에게 신선하게 받아들여졌다.

사상의 모색기를 거쳐 원불교가 적극적인 활동을 펼친 곳은 전북 익산으로 지금의 원광대학교가 있는 원불교 중앙총부가 위치한 곳이다. 1924년 박중빈은 이곳에서 '불법연구회'라는 교명으로 제자들을 이끌어 활동을 시작한다. 그를 따르는 이들이 모여 낮에는 엿장수나 소작농, 고무공장 여직공 등으로 일하고 밤에는 함께 공부하는 생활 신앙공동체를 이루었다.

1925년 조선총독부에서 조사한 조선의 유사종교 현황 자료에는 불법연구회의 인원을 100명으로 기록하고 있다. 다른 종교에 비해 출발 당시의 교세는 그다지 크지 않았던 것이다. 그러나 모두 열렬한 핵심 신자들이었다.

1929년 5월 11일자 동아일보의 보도는 원불교 초기의 모습을 생생히 보도하고 있다.

> 불법연구회는 전국 대표 150명이 모인 가운데 정기대회를 개최했다. 불법연구회는 이상왕국을 건설하고 정신수양·사리연구·작업취사의 3대 강령을 내세웠으며 400여 명의 회원이 있다.

그리고 이때부터 교세가 점차 전국적으로 확산되고 있음을 보여준다.

윤이흠 교수는 당시 민족종교가 선택할 수 있었던 상황을 돌아보면 일상생활과 종교생활을 적극 통합하려는 원불교의 시도를 더 잘 이해할 수 있을 것이라고 강조한다.

> 일제하에서 다른 민족종교들이 탄압을 받고 있던 실정이다. 원불교는 그 탄압을 피하려고 사회운동에 힘쓴 점이 있다. 증산교나 대종교처럼 항일의 성격은 상대적으로 약했지만, 사회의 모순을 개선하고 물산과 인성의 개발에 헌신한 특징이 있다.

그리고 원불교의 이런 접근은 조용히 교세를 확산시키는 동력이 되었다.

익산의 총부에는 교육시설과 필요한 갖가지 시설이 들어서고 있었다. 활동 초기부터 생활태도와 종교 활동의 모습은 세간의 이목을 끌었다. 1925년 5월 16일자 동아일보는 '100명의 회원이 영농조합을 이루어 낮에는 농사를 짓고 밤에는 공부'하는 모습을 보도하고 있다. 특히 '일정한 규율하에 상호 협력하여 정신을 수양하는 태도는 가톨릭 교회의 수도원과 조금도 다를 바 없어 앞날이 주목된다'는 점을 강조하고 있어 그전까지 볼 수 없었던 종교적 실천임을 시사하고 있다.

소태산 박중빈은 원불교를 통해 새로운 종교를 시험하고 있었다. 그는 세상이 병들었고 그 병은 마음에서 비롯되었다고 보았다. 그리고 자신은 병든 마음을 치료하는 의사라고 했다. 육신의 병은 의사를 찾아가 고칠 수 있지만 마음의 병은 종교적인 수행을 통해서만 고칠 수 있고, 그것이 새로운 시대에 꼭 필요한 일이라는 것이다.

개벽의 시대에 새로운 종교의 기틀을 만들어놓고 그는 1943년에 원적에 들었다. 그 이후부터 소태산 박중빈의 가르침은 그의 제자인 정산 종사에 의해 새로운 전기를 맞아 발전한다. 소태산 박중빈은 새로운 종교를 만든 동기를 이렇게 밝혔다.

진리적 종교의 신앙과 사실적 도덕의 훈련으로써 정신의 세력을 확장하고 물질의 세력을 항복받아 파란고해의 일체 생령을

153

그 실천을 위해 초기부터 공동생활과 공동실천을 내세웠다. 초기 교단은 9명의 제자를 중심으로 출발했다. 처음 모인 제자는 8명이었으나, 소태산은 그들에게 상수제자는 곧 올 누군가를 세울 것이라고 했다. 그 누군가가 바로 정산 종사 송규(鼎山 宗師 宋奎, 1900~1962)다. 그는 소태산의 법통을 받은 제2대 종사로 교단의 틀을 세우고 교법을 만드는 데 큰 역할을 한 사람이다.

정산 종사는 경북 상주에서 태어났다. 송도군(宋道君)이란 이름을 썼지만 소태산을 만나 규(奎)라는 이름을 받았다. 열세 살 때 결혼을 했고, 실생활보다 도인을 만나겠다는 열망이 강해 집 뒤쪽에 있는 거북바위 아래 정화수를 올려 기도를 했다고 전한다.

그는 열여덟 살에 도인을 만나 크게 공부하겠다는 마음으로 집을 나섰다. 가야산에서 증산교인을 만나 태을주(太乙呪)를 배우고 공부를 했지만 만족하지 못했다. 전라도에 도(道)가 있다는 소리를 듣고 전라도 일원을 돌아보기도 했다.

강증산의 부인 고수부를 찾아갔으나 만나지 못해 증산의 여동생 선돌 부인을 집으로 모셔왔다. 석 달 동안 함께 기도를 하고 다시 증산의 고향 손바라기로 가 수도를 계속한다. 전하기로는 이때 증산의 딸 강순임으로부터 《정심요결》이라는 비서를 받아 품에 안고 밤낮으로 수련했다고 한다.

강증산이 도를 이루었다는 모악산 대원사에 머물며 주문과 기도로 수련을 하자 주변에 도인이 났다는 소문이 파다하게 번졌다. 당시는 죽은 강증산이 10년 만에 다시 온다는 열망이 있던 때라 송도군의 주변에도 사람들이 몰렸다. 그를 찾아온 증산교 신자를 따라 원평으로 거처를 옮겨 기도와 수련을 계속할 때 운명적인 만남이 이루어진다. 소태산이 그를 찾아온 것이다.

둘은 단박에 마음이 맞아 그 자리에서 형제의 의를 맺었다. 정산 종사의 언행을 모은 《정산종사법어》에서는 당시의 소회를 이렇게 회상한다.

> 나는 8, 9세 때부터 보통 인간의 길을 벗어나 모든 것을 다 알고 살 수는 없는 것인가 하고 마음 고통이 심하여, 집을 뛰쳐나와 이인을 찾기도 하고 혹은 하늘에 축원도 하여 9년간을 여기저기 방황하다가, 다행히 대종사를 뵌 그날부터 그 모든 고통이 일소됐다.

도인을 만나겠다는 오랜 원이 이루어진 것이다.

후에 영산의 간척지 공사장을 찾아가 둘은 다시 사제의 인연을 맺었다. 소태산은 9인 제자의 중앙위에 송도군을 임명했다. 소태산의 신임은 각별했다. 정산종사를 두고 제자들에게 "이제 우리가 그토록 기다려 만나려던 사람이 왔으니 우리 회상 창립의 일이 반이나 이루어

진 것과 마찬가지다"라고 선언하며 종단의 법을 일으킬 사람이라고
예고한 것이다.

한국종교학회 김탁 박사는 둘의 만남이 갖는 의미를 주목해야 한
다고 강조했다.

> 당시 민족종교 계열의 신종교들이 쏟아져 나오고 있었다. 소태
> 산도 나름의 종교적 구원을 골몰하고 있었고 정산도 도를 찾아
> 골몰하던 때였다. 둘의 만남은 이전의 종교와 다른 독자적인 방
> 법을 모색하는 계기가 된다. 원불교는 그 무렵의 신종교와는 확
> 실히 다른 노선을 선택한다.

여타 종교가 한 개인의 카리스마에 의존하여 교세를 넓혀갔다면
소태산과 정산은 개인을 넘어 집단적인 실천 수행으로 교단의 틀을
세워간 것이다. 소태산은 송도군에게 혹독한 수련을 시켰다. 간척지
공사장의 밥을 하여 사람들을 섬기거나 영산 옥녀봉 토굴에서 수행
하기를 시켰다. 그는 소태산의 지시를 묵묵히 따랐다. 간척지 공사가
완공되자 소태산은 그에게 정산이라는 법호와 규라는 이름을 지어
주었다.

정산 종사는 소태산에 대해 다음과 같은 확신을 가지고 있었다.

> 나는 대종사를 뵈온 후로는 일호의 이의가 없이 오직 가르치시
> 는 대로만 순종했으며, 다른 것은 모르지만 이 법으로 부처 되
> 는 길만은 확실히 자신했다.

그리하여 오직 시키는 대로 따를 뿐이었다. 소태산도 주변에 "정산을 대하길 나를 대하듯 하라"고 지시할 정도로 절대적인 신뢰를 주었다.

소태산의 지시대로 변산의 월명암, 진안 미륵사 등지에서 종교적 수행을 계속해간다. 이후 스승의 부름으로 정산 종사는 교단의 초기 역사를 모으고 소태산의 가르침을 정리했다. 초기 교단의 역사와 교리체계는 정산종사가 확립한 것이다.

정산 종사가 초기에 강증산을 쫓아 수행하고 절에서 공부한 것은 원불교의 교리 안에 증산의 가르침과 불교적 요소가 혼재되는 요인으로 작용한다. 종교학계에서는 이것이 원불교가 발전하는 데 힘이 되기도 했고, 반대로 정체의 원인으로 작용한 점도 있다고 지적한다. 외부의 가르침을 적극적으로 수용하는 융통성이 있는 반면에 자신들의 정체성을 내세우는 데 부족한 점이 분명히 있다는 것이다. 잘 되면 모든 가치를 다 포용하지만 잘못될 경우 이것도 저것도 아닌 한계에 빠질 수도 있다는 분석이다.

1943년에 소태산은 입적했다. 정산 종사는 곧바로 원불교의 법통을 이어받아 종지를 세워갔다. 그러나 그 무렵 갑자기 닥친 광복은 종

교계에도 일대 충격을 주었다. 일제의 패망은 종교인들에게 이전과 다른 방식의 삶과 수행을 요구했다. 정산 종사는《건국론(建國論)》을 지어 새로운 사회에 맞는 종교적 실천을 제시하고 광복 직후의 혼란 속에 사회구호 활동에 역량을 모았다.

대외적으로 고아원을 설립하고 구호소를 만들었다. 교단 내부에는 유일학림이라는 교역자 전문교육기관을 만들어 교직자 양성에 교단의 명운을 걸었다. 유일학림의 전문부는 후에 원광대학교로 발전했다.

김탁 박사는 원불교에서 교역자 전문 교육기관을 세운 것에 주목해야 한다고 지적했다.

> 동학이나 증산교 등에서는 교역자를 키우는 기관이 없었다. 일시적으로는 교세가 커질 수 있지만 장기적으로는 발전할 수 있는 동력이 없는 셈이다. 그러나 원불교는 일찍부터 교역자를 키워내고 교리를 체계화했다. 그것이 원불교가 지속적으로 발전하고 유지되는 배경 중 하나이다.

교리를 체계화하고 교역자를 양성한 것은 정산 종사의 역할이라는 분석이다. 교주 한 명을 신비화하고 절대화하는 데서 벗어나 종교적인 시스템을 갖추는 데 성공했기 때문에 급변하는 사회 속에서도 일정한 역할을 할 수 있다는 것이다. 정산 종사가 초기 교단의 공동생활, 공동생산, 공동수행의 정신을 후대에서도 잃지 않고 지속하는 길잡이 역할을 충실히 했다는 얘기다.

원불교는 지금도 교단의 중요한 방향을 정하는 데 집단의 의사를 반영한다. 간부회의를 거치고 대중의 공의를 거쳐 모든 일을 결정해 가는 것이다. 교학 연구는 원광대학교의 원불교학과뿐 아니라 영산대학과 원불교 연구자의 모임인 신룡교학회의 논의와 검토도 거친다. 신룡교학회는 박사급 이상의 학자만 해도 수백 명에 이르러 원불교 교역자 양성의 결실인 셈이다.

정산 종사는 다시 제2의 개교에 해당하는 교명 변경에 나섰다. 1948년 1월 16일부로 익산 총부 설립 때부터 임시로 써오던 '불법연구회'라는 명칭을 버리고 '원불교(圓佛敎)'라는 이름을 정식으로 쓰기 시작했다. 소태산이 얻은 원각의 가르침을 교명에 본격적으로 반영한 것이다. 이로써 불교로부터 벗어나 새로운 종교로서 정체성을 드러낸다.

정산 종사의 종교적 가르침은 '삼동윤리(三同倫理)'에 집약돼 있다. 세상 모든 종교와 생명과 사람들이 하나라는 동원도리(同原道理), 동기연계(同氣連契), 동척사업(同拓事業)이 그것이다. 그는 삼동윤리를 집약하여 밝히기를 "한 울안 한 이치에 한 집안 한 권속이 한 일터 한 일꾼으로 일원세계를 건설하자."고 했다.

정산 종사는 일생을 종교적 탐구에 바쳤다. 모순과 혼란이 극대화된 시기에 일찍부터 세상을 구원할 무엇인가를 찾아 나선 점은 당대의 창종자들과 맥을 같이한다. 하지만 그는 스승을 만났고 그 가르침을 받아들였다. 그리고 스승의 가르침을 바탕으로 자신이 얻은 바를

원불교 익산총부 초기 정경

쌓아올렸다.

그는 자신의 삶을 돌아보며 한마디로 "평생에 기쁜 일 두 가지가 있노니. 첫째는 이 나라에 태어남이오, 둘째는 대종사를 만남이니라."고 평했다.

가혹한 역사의 현실에서 태어난 것도 기쁨이고 스승을 만나 자신의 뜻을 펼 수 있었던 것도 행복이라는 것이다. 소태산의 종교적 깨달음과 정산종사의 가르침은 원불교의 활동 속에 지금도 고스란히 남아 있다.

한 개인의 각성은 교리와 조직과 의식을 더하면서 종교로 발전한다. 원불교는 비교적 일찍부터 교리를 체계화하고 성직자 조직을 갖추는 데 성공했다. 소태산 박중빈과 함께 초기 교단을 만든 아홉 명의 제자는 각자 일산(一山)부터 팔산(八山)과 정산(鼎山)이라는 법호를 얻었다. 초기 교단은 이들에서 비롯되고, 이로써 교리의 기본과 교단의 역사가 시작된다.

원불교의 교의를 담은 기본 경전은《교전(教典)》이다.《교전》은 크게 두 부분으로 나누어《정전》과 소태산의 언행을 모으고 초기 제자들의 해석을 담은《대종경(大宗經)》으로 이루어졌다.《정전》은 소태산이 직접 지은 것이다. 총독부가 출간을 저지하자《불교정전》이라는 이름으로 바꾸어 간행했다.《교전》을 기본으로 불교경전을 모은《불조요경》과《원불교예전》,《정산종사법어》,《원불교교사》등을 합하여 7종 교서 혹은 9종 교서를 기본 교과서로 삼는다.

원불교대학원대학교 원불교학과 박희종 교수는 원불교 교리와 경전에 담긴 핵심 가치를 이렇게 설명하고 있다.

> 원불교는 이론 중심을 떠나 현실적인 실천 행동을 강조한다. '불법시생활(佛法是生活), 생활시불법(生活是佛法)', 즉 불법이 생활이고 생활이 불법이라는 대종사의 가르침에서 분명히 드러나고 있다. 이것은 사회와 소통하는 종교의 모습으로 구체화되어 발전해갔다.

종교적 허례보다는 실제 생활을 바꾸어가는 것이 원불교의 지향점이라는 것이다.

소태산은 개벽(開闢)을 내세우며 종교를 세웠다. 당시 동학과 증산의 가르침, 천도교 등에서도 개벽을 주장하고 있었다. 실제로 세상이 뒤집어지고 모든 질서가 재편되는 사회혁명적인 후천 세계를 기다렸지만 현실은 일제에 나라를 빼앗긴 상황이 지속되어 가난과 억압이 이어지고 있었다.

한국종교학회 김탁 박사는 소태산의 개벽은 당시 팽배하던 개벽관과 양상을 달리한다고 지적한다.

> 개벽이 이루어진 새 세상이 곧 온다는 주장에 민중들의 기대감이 커지고 있었다. 그러나 예언이 실패하고 좌절이 깊어진 상황

에서 소태산은 개벽의 성격을 달리 규정했다. 세상의 변혁은 눈으로 볼 수 있는 것이 아니라 정신적인 개벽으로 보고 이끌어야 한다는 것이다.

개벽은 갑자기 닥치는 것이 아니라 모두 애써서 만들어가야 한다는 것이 원불교의 가르침이다.

원불교는 교역에 전념하는 출가자를 전무출신(專務出身)이라고 한다. 그 중 여성교역자는 원불교 교단이 정착하는 데 비교적 큰 힘이 되었다. 당시 시대상은 남녀불평등이 극에 달한 때였다. 원불교에 앞선 천도교 등도 남녀평등을 주장했으나 여성이 실제 역할을 하지 못한 것에 비하면 원불교는 교단 초기부터 여성 교역자를 적극 양성했다.

원불교 여성 교역자는 정녀(貞女), 즉 정절을 서약한 여성이다. 이들은 익산총부가 생기면서 낮에는 고무공장 노동자로 일하고 밤에는 교리공부를 하며 초기 교단을 이룬 주인공이다.

1920년 소태산이 주요 교리로 발표한 사요(四要) 중 첫 번째는 남녀권리동일의 조항이다. 남녀는 모두 자체로서 일원의 성품을 갖추고 있으므로 동등하다는 것이다. 그는 남녀가 동등하지 못하고 서로 의존적인 것이 세상의 병 중 하나라고 보아 "나는 남녀권리동일 과목을 내어 남녀에게 교육도 같이 시키고 의무 책임도 같이 지우며 지위나 권리도 같이 주어서 서로 자신의 힘을 장려한다."고 하였다.

이것은 선언적인 의미뿐 아니라 교단의 실제 운영에도 남녀권리동

일이 반영됐다. 소태산이 제정한 교단규약에는 최고의사결정기구로 수위단(首位團)을 두는 데 남녀 동수로 구성했다. 교단제도부터 남녀평등제로 확고히 만들어간 것이다.

여성 교역자들은 5년에 한 차례씩 정녀선서라는 독신선언을 하고 있다. 2001년 11월 정녀선서를 앞둔 교무 64명 중 31명이 선언을 거부했다. 여성에게만 선서를 강요하는 것은 명백한 남녀 차별이라는 것이다.

원불교 여성회 한지현 회장은 정녀선서에 대해 "철저한 양성평등이 교조의 교리이다. 원래의 교리에는 정녀선서가 없었다. 언제부터인가 일정 기간이 지나면 마음을 다잡고 결심하는 의미로 정녀선서를 하는 것이 관례가 된 것이다."라고 설명했다.

실제적인 이유는 어느 해인가 남녀 교무 몇쌍이 결혼하는 일이 생겼고, 이를 교단의 존폐를 가늠하는 위급한 일로 받아들여 급조한 것이 정녀선서라는 것이다. 그러나 남성 교역자의 90%가 결혼을 한 현실에서 여성에게만 정절을 강요하는 것은 시대에 맞지 않다는 문제제기가 그치지 않고 있다. 정녀들의 선언 거부는 찻잔 속의 태풍으로 그치고 말았다.

원불교는 교단의 주요 사항을 수위단 회의에서 논의하여 결정한다. 교역자로 구성된 정수위단은 남녀 각 9명으로 구성되어 있고, 재가자는 남녀 4명씩으로 호법수위단을 구성해 교단 운영에 참가한다. 정녀의 선언 거부는 원불교 개혁의 한 지표로 사회적인 주목을 받았지만 정작 교단 내에서는 논의가 없었다. 수위단 회의에 상정하면 결정해야 하는데 아직은 거론 자체가 시기상조라는 것이다.

원불교의 집단적인 의사 결정은 민주적이고 이상적이지만, 한편에서는 추진력이 떨어진다는 비판도 있다. 종교 조직의 특성상 시간이 지나면서 활력을 잃고 현실에 안주한다는 지적도 받고 있으며, 사회가 안정되면서 원불교가 초창기에 가지고 있던 혁신적인 동력을 잃었다는 자성도 나오고 있다.

소태산의 창교 정신으로 돌아가자는 내부의 목소리도 점차 커지고 있다. 나 없이 모든 이를 위해 헌신하자는 무아봉공(無我捧供), 작은 것으로써 큰 것을 이룬다는 이소성대(以小成大), 여한 없이 행한다는 사무여한(事無餘恨)의 근본정신이 엷어지면서 교단이 정체됐다는 반성이다.

서울대학교 종교학과 윤이흠 명예교수는 최근 원불교 학자들이 교리에 대해 새로운 정립을 모색하고 있다고 분석했다.

새로운 발전의 전거를 마련하기 위해 젊은 학자들은 불교적인 모습에 더 주목하자고 주장한다. 그 이전 세대는 원불교만의 독창적인 부분이 더 강하므로 그것을 더 살펴봐야 한다고 이야기한다. 지금 학자들 사이에서는 시대의 변화에 따라 치열한 자기점검의 과정을 거치고 있다.

원불교의 주된 교리를 연구 교육하고 교역자를 양성하는 기관은 원광대학교 원불교학과와 영산선학대학, 원불교대학원대학이 있다. 최근 들어 원불교의 세계화를 내걸고 미국 펜실베이니아에 미주선학대학원을 세웠다. 미주 지역에 교역자 양성의 기반을 만들어 국제 포교 활성화에 나서겠다는 것이다.

개벽이 외부에서 갑자기 닥치는 것이 아니라 내면에서 준비되고 만들어지는 것인 것처럼 원불교의 활로도 안으로부터 시작될 전망이다. 건강한 집단이라면 구성원의 고뇌와 문제 제기가 거듭될수록 자기 한계를 뛰어넘는 힘은 더 강해지기 때문이다.

전국 520개 교당, 해외 19개국 60개 교당, 현직 성직자 1500명, 입교자 70만 명, 2005년 통계청 인구조사 원불교 응답자 13만 명. 창종 93주년이 된 2008년도 원불교 현황이다. 원불교가 지나온 역정을 살펴보면 큰 영광도 없고 큰 좌절도 없다. 소리 소문 없이 일하고 자신의 자리를 만들어가고 있다.

원불교는 창종 100주년을 앞두고 2008년부터 7년 동안을 새로운 도약을 준비하는 시간으로 정했다. 2006년부터 원불교 수장을 맡은 경산 장응철(耕山 張應哲) 종법사는 무엇보다 눈에 보이지 않는 체제와 제도의 개혁에 힘을 모으겠다고 밝혔다. 원불교를 적극 포교하고 신앙생활에 힘을 기울이며 어려운 이웃을 위해 종교적 실천에 앞설 것을 권했다. 포교와 사회사업에 힘을 집중하여 활로를 만들겠다는 것이다. 교단의 내적으로는 창립 정신으로 돌아가 원불교적인 문화를

박중빈 대종사가 한나절 동안 서서 입정 삼매에 들었던 선진포 나루터

만들어가자고 강조한다.

앞서 종법사를 맡았던 좌산 이광정(左山 李廣淨) 종사가 내세웠던 기치가 '밖으로 미래로 사회로 세계로'였던 점과 많은 부분에서 대비된다. 좌산 종사는 6년 임기의 종법사를 두 번 연임하면서 원불교의 대외적인 위상을 높였다고 평가받고 있으며, 원음방송을 세우고 원불교 교무의 군종장교 진출을 성사시켰다. 원음방송은 총부가 있는 익산과 서울, 부산에 이어 광주와 대구에서 개국했다.

"원불교가 군소 종단으로 떨어지지 않으려면 방송과 군종장교를 성사시켜야 한다"는 것이 좌산 종사의 강렬한 의지였다. 결국 꿈을 세운 지 20년 만에 방송국을 설립하는 데 성공했고, 원불교만의 특색 있는 전파를 발사한 지 10년이 지났다. 원음방송은 진행자를 비롯해 방송 제작 대부분을 교역자인 교무(敎務)들이 전담하고 있어 종교방송의 특징이 두드러진다.

원불교는 여성 교역자의 비중이 크다. 전체 교역자 중 정녀(貞女) 비율은 60퍼센트 정도이며 교화 현장에서는 80퍼센트를 차지한다. 이들은 초기부터 절대적인 헌신으로 교단의 발전과 안정을 이끌었다.

변화된 시대 상황은 여성 교역자들이 개혁을 이끄는 역할에 나서도록 한다. 흰 저고리에 검정치마, 쪽진 머리의 전통적인 정녀의 모습도 변화의 요구를 맞고 있다. 발단은 미국 포교 현장에서 시작됐다. 동양의 전통적인 모습은 이국적인 호기심을 자극했지만 평등이라는 원불교의 가치를 전하는 데 장애가 됐다. 결국 현장 정녀들의 요구를 받아들여 머리를 자르고 눈에 띄지 않는 옷으로 바꿔 입도록 했다. 3년의 실험기간이 끝나가자 복식을 원위치해야 한다는 교단 원로들의 보수적인 주장과 변화를 인정해달라는 요구가 격론을 벌이고 있다.

원불교는 매년 9월 출가교화단총단회라는 이름으로 전체 교역자가 모여 현안을 논의한다. 제도 개선이나 복식 문제 등 민감한 사안을 주제로 삼아 1박 2일 동안 토론하고 교단 전체의 방향을 정해가는 것이다. 제시된 의견을 최고의사결정기구인 수위단 회의에 올리면 투표로 결정하는 방식이다.

원불교가 초기부터 주력한 것은 사회사업이다. 서울대 종교학과 윤이흠 명예교수는 "새로운 시대를 맞자는 원불교의 이념은 개벽의 실천으로 사회운동에 주목했고, 민족종교 중에서 특히 사회 개발에 헌신한 특성이 두드러진다"면서 "다른 민족종교가 항일에 나섰다가 급격히 탄압받은 데 비해 사회운동에 전력함으로써 상대적으로 박해를 피해가는 원인이 됐다"고 평가했다. 저축조합과 간척사업, 양잠운동과 선농일치의 농업활동 등 사회운동적인 원불교의 활동은 해방 이후 적극적인 사회구제와 교육사업으로 이어졌다.

원불교에서 운영하는 교육기관은 20개, 어린이집 150개를 비롯해 전체 184개의 복지기관이 있다. 전국 14개에 이르는 노인복지법인은 한 곳에서 수용과 치료, 요양보호사 교육까지 모두 이루어진다. 원불교의 교세에 비하면 과할 정도로 복지기관을 운영하고 있어 종교가 사회를 위해 실천해야 할 역할을 보여준다.

교육사업은 교단 초기부터 힘을 모은 영역이다. 원광대를 비롯해 6곳의 중·고등학교와 교당마다 운영하는 유치원, 기타 교육기관 등 인재 양성과 교육은 원불교의 역량을 보여주는 또 다른 분야다.

교육기관 중 특히 주목할 곳은 8개의 대안학교다. 원불교의 영산성지고등학교는 국내 최초로 공식적으로 인정받은 대안학교로 교육계의 눈길을 끄는 곳이다. 인성교육을 목표로 제3의 교육을 제시하고 모범적으로 이끌고 있다는 것이 전반적인 평가다. 일례로, 원불교는 탈북 청소년을 교육하기 위해 안성 한겨레중·고등학교의 운영을 맡고 있다.

탄탄한 활동에 비추어 밖으로 드러난 원불교의 분위기는 보수적이고 은둔적이다. 2000년대들어 원불교의 교세는 크게 늘지 않았다. 그야말로 정체기인 것이다. 원불교 중앙총부 나상호 기획실장은 전망이 나쁘지만은 않다면서 이렇게 말했다.

일단 원불교의 의사결정 과정이 민주적인 만큼 복잡하다. 규모에 비해 조직이 방만한 면도 있고 예산 집행도 중복되는 부분이 있다. 당장은 힘들더라도 교단 내부에서 공감하고 있는 부분부터 차근차근 조정해나갈 것이다. 소태산 대종사가 행한 대로 교육·교화·자선에 힘쓰면서 시대에 맞춰간다면 원불교 진리의 가르침을 널리 펼 수 있을 것이다.

2008년 6월 8일 오후 6시 서울시청광장에 300여 명의 원불교 교무와 2,000여 명의 신도가 '국민주권회복과 평화를 위한 원불교 시국대법회'를 위해서 모였다. 좀처럼 밖으로 모습을 드러내지 않는 원불교 교무들이지만 사회적 관심에 적극 동참하고 현실의 문제를 해결하기 위해 나선 것이다. 원불교 내부에도 천주교 정의구현사제단과 같은 성격의 단체가 있다. 사회개벽교무단이다. 그들은 1987년부터 통일과 평화, 생명운동의 현장을 묵묵히 지키고 있다.

원불교 사회개벽교무단 정상덕 교무는 이를 두고 "종교는 반드시 평화와 생명 존중과 인간의 가치에 대해 나서서 대답해야 한다. 원불교의 사명은 평화와 생명과 은혜이다. 그것을 현실에서 이끌기 위해 나설 때라고 생각한다. 사람들의 마음에 갈등과 폭력이 가득할 때 폭력을 멈추고 꽃을 들게 하는 것이 종교의 힘이다."라고 이야기한다.

소태산 박중빈 대종사의 대각 이후 100년 가까운 시간이 흘렀다. 끊어지지 않고 흘러온 법맥이 발전과 쇠락의 기로에 서 있다. 원불교 교단은 다시 개교 정신으로 돌아갈 것을 이야기하고 있다. 한 세기 전처럼 지금도 '물질이 개벽되니, 정신을 개벽하자'는 기치를 들어야 한다는 것이다. 새로운 시대를 앞둔 정신의 개벽은 과연 어떤 것인지 자신과 세상을 향해 진지한 질문을 던질 때다.

사람이
하늘이다

동학 최제우

수운 최제우 진영

최제우(1824~1863)

시대의 한계를 넘으려 했으나 그 한계에 부딪힌 사람, 최제우의 삶이 그와 같다. 최제우의 본명은 제선, 자는 도언, 득도한 후 스스로 수운(水雲)이란 호를 지었다. 경주 양반의 후손으로 태어났으나 집안은 몰락했다. 어린 나이에 부모를 잃고 스무 살 땐 집이 불에 타 얼마 되지 않던 가산마저 잃어버렸다. 살길을 찾아 행상으로 전국을 떠돌며 10년을 보낸 후 그는 세상과 사람과 시대가 정상이 아님을 깨달았다.

몇 차례 종교적 신비를 체험한 후 그는 꿈결에서 만난 승려의 권유에 따라 통도사 내원암 인근 천성산 동굴에서 49일의 기도를 마친다. 다시 고향 용담정으로 돌아와 도를 이루지 않고는 세상에 나가지 않겠다는 원을 세워 마침내 하늘의 감응을 얻었다. 그는 누구보다 새 시대를 예감했고, 그 시대를 앞당기기 위해 실천했다. '사람이 곧 하늘인 세상' 그것이 그가 본 개벽의 세상이었다. 남과 여, 귀천이 차별 없이 평등한 세상이 올 것을 확신했다.

아내에게 도를 권하고 여자종을 면천하여 수양딸과 며느리를 삼으며 세상에 남녀의 차별이 없으며 귀한 이와 천한 자가 따로 없다고 주장했다. 망해가는 세상이었지만 양반들은 그의 주장을 묵과하지 못했다. 결국 그는 체포되어 좌도난정률(左道亂正律)의 죄목으로 처형되고 말았다. 인간이 하늘이 되는 짧은 꿈은 그렇게 끝나버렸다.

서학에 맞서 동학이라 이름 지은 그의 가르침을 따르던 교도들은 교조의 죄를 씻으려는 청을 올렸으나 박해받았고, 고부에서 폭정에 맞서 혁명의 깃발을 올린 죄로 처단 받고 만다. 동학은 일제강점기를 거치면서 천도교로 옷을 갈아입었다. 그러나 조국의 해방은 또 다른 시련이 되고 말았다.

교세의 상당부분이 북한에 남아있어 남쪽의 천도교는 세가 기울고 말았다. 박정희는 권력을 잡자 천도교를 지원하여 인사동 입구 천도교 서울교당 옆에 수운회관을 지어주었고, 경주 용담정 복원 등 동학관련 유적지를 정비하였다. 민족주의를 내세워 유신을 정당화하려는 계획의 일환이었다. 육군중장 출신으로 외무부장관을 거쳐 재독 대사로 있던 최덕신을 불러들여 천도교 교령이 되게 했다.

운명은 참으로 기구했다. 박정희의 부친 박성빈은 조선말 무관 출신으로 동학의 접주를 지냈을 뿐 아니라 동학혁명에 가담하여 체포되었으나 처형 직전에 구명된 전력이 있었다. 최덕신의 부친 최동오는 만주에서 화성의숙을 운영했고 김일성은 그곳에서 공부했었다. 최덕신은 미국을 거쳐 1986년 북한으로 망명하고 만다. 부흥을 도모하던 천도교엔 또다시 어두운 그림자가 드리웠다. 이후 1997년 오익제 천도교 전임 교령마저 월북했다.

천도교 관계자들은 수운의 사상과 가르침은 그 어떤 종교보다 현대적이고 민주적이며 미래지향적이라고 한다. 하지만 젊은 세대에게 비전을 보여주는 일에 부족함이 있어 쇠락의 길을 걷고 있다고 지적했다. 그래도 수운의 후예들은 사람이 하늘임을 잊지 않는다면 만인이 평등하며 인간이 풍요로움을 향유할 시대가 반드시 온다는 것을 믿고 있다. 그런 믿음이 그런 세상을 앞당길 수도 있을 것이다.

천도교를 낳은 동학(東學)은 근세 민족종교의 시발점이다. 동학과 천도교의 영향은 종교적 가르침을 넘어 때로는 혁명의 실천으로, 때로는 사회운동과 문화에 이어 정치와 이념에 이르기까지 근·현대사의 구석구석에 그 뿌리가 깊다.

동학을 세운 수운 최제우(水雲 崔濟愚, 1824~1863)는 경주 인근의 몰락한 양반집 늦둥이로 세상에 태어났다. 어릴 적 이름은 복술이고, 본명은 제선(濟宣), 자는 도언(道彦)이다. 그는 자신의 시대만큼 불우한 삶을 살았다. 여섯 살에 어머니를 여의고 열일곱 살에 아버지를 잃었으며, 스무 살 때 얼마 되지 않은 가산마저 모두 불에 타버렸다. 이듬해 가족을 처가에 맡기고 행상으로 10년 동안 전국을 떠돌며 그가 본 것은 길 잃은 조선의 절망이었다.

그는 〈몽중노소문답가(夢中老少問答歌)〉에서 "임금과 신하와 아비와 자식이 제 도리를 하지 못하는" 시대에 팔도를 다 돌아봐도 "혹은 궁궁촌을 찾아가고 혹은 만첩산중에 들어가고 혹은 서학에 입도"하여 서로 옳다 주장하지만 맞지 않음을 느꼈다고 적고 있다. 체제의 모순은 극에 달했고, 무력을 앞세운 서양 세력이 곳곳에서 모습을 드러내는 현실 속에 국가는 이미 붕괴 직전인 위태로운 현실을 절감했다. 사람들은 각자 살 길을 찾아 옛 예언서를 들고 우왕좌왕하거나 서학(西

學)인 천주교에 귀의하고 있었다.

한마디로 세상은 마음 둘 곳을 잃어버렸다.

유랑을 끝낸 그는 처가로 돌아와 농사를 지으며 한동안 조용히 지냈으나 일상 생활을 하면서 몇 차례 종교적 신비를 체험하자 본격적인 종교 수련에 나서기로 했다. 비몽사몽간에 금강산에서 왔다는 승려에게 49일 동안 기도하라는 말을 듣고 난 후다. 해를 넘겨 서른세 살에 양산 통도사 내원암에서 수도의 길에 발을 내딛고, 이듬해 산 속 동굴에서 49일 동안 간절한 기도를 마쳤다.

이후 그는 가족을 이끌고 다시 고향마을 용담으로 돌아갔다. 불타버린 집 대신 부친이 세운 용담정 정자에 머물며 도를 얻지 못하면 세상에 나가지 않을 것을 결심했다고 한다. 그때까지 쓰던 제선이란 이름을 버리고 수운(水雲)이란 호를 짓고 제우(濟愚)로 이름을 고쳤다. 용담정에서 새로운 존재로 거듭난 셈이다.

1860년 4월 최제우는 기도와 명상 속에서 드디어 한울님을 만났다. 한울님은 "나의 마음은 너의 마음(吾心卽汝心)"이라는 진리를 들려주었다. 줄곧 찾아 나섰던 구세와 구원의 길이 시작됐다. 비로소 '사람이 하늘(人乃天)'이며 '천심이 곧 인심(天心卽人心)'이라는 새로운 가치와 깨달음이 그의 마음속에서 드러난 것이다.

서울대 종교학과 윤이흠 명예교수는 최제우의 자각이 갖는 의미를 "동양정신사의 일대 전환"이라고 지적하고, 이렇게 덧붙였다.

유교나 불교와 같은 동양의 전통적인 세계관이 지배하던 시기가 지나갔고 서양의 종교가 지배하는 것도 아니며 그야말로 새로운 길의 시작을 알린 것이다. 장엄한 개벽의 새 시대가 오는 것을 예측하고 그 대응으로 최제우는 동학을 제시했다.

모든 것이 끝장나기를 바라던 고통의 세월은 선천개벽의 시대로 막을 내리고, 지상천국이 이루어지는 후천개벽의 시대가 시작됐으니 이는 최제우 자신이 얻은 도를 통해서 가능하다는 것이다. 그는 자신의 도를 지금도 들어보지 못하고 옛날에도 들어보지 못한 '무극대도(無極大道)'라고 표현했다.

남존여비 반상차별의 유교체제와 달리 그의 도 안에서는 모든 사람이 평등한 존재였다. 깨친 지 1년이 지나자 아내인 박씨에게 처음으로 도를 권했다. 집안의 여자종을 면천시켜 수양딸과 며느리를 삼으니 주변의 관심이 쏠렸다. 소문을 듣고 사방에서 가르침을 구하려고 몰려들었다. 후에 동학 2대 교조가 된 해월 최시형(海月 崔時亨)도 그 무렵 용담을 찾아와 제자가 되었다.

새 시대를 갈망하던 민심이 그를 주목하자 기득권층과 유생들은 당연히 의심의 눈길을 보냈다. 여기저기서 비난이 빗발치자 그는 전라도 남원의 작은 암자인 덕밀암으로 몸을 피하고, 조용히 경전을 저술하여 자신이 얻은 바를 정리하는 시간을 맞았다.

당시 세상의 의심은 그의 가르침이 천주를 섬기는 서학과 상통한다는 것이다. 최제우는 〈권학문(勸學文)〉을 지어 자신의 도를 '동학(東學)'이라고 밝혔다.

> 내가 또한 동방에서 태어나 동방에서 도를 얻었기에 도는 비록 천도이나 학은 동학이다(道雖天道 學則東學).

'무극대도'는 비로소 '동학'이라는 이름을 얻어 세상 속으로 번지고 있었다.

이때 그의 행적 중에 주목할 만한 것은 칼을 노래하는 〈검가(劍歌)〉를 짓고 칼춤을 추었다는 사실이다. 칼춤은 동학의 수도 방법으로도 널리 퍼졌다고 전한다.

경상감사 서헌순은 동학에 대한 동태를 다음과 같이 보고했다.

> 하루는 '요사이 바다 위에 배로 오고 가고 하는 것은 모두 서양인들인데 칼춤이 아니고는 제어할 수 없을 것이다'라며 〈검가〉 한 편을 주었습니다.

최제우는 남원 교룡산성에서 반 년 정도를 머물다가 해를 넘겨 경주로 돌아갔지만 분란과 체포가 기다리고 있었다. 교인이 점차 늘자 독창적인 신도 조직인 '접(接)'이라는 체계를 만들었다. 도를 전한 사람이 접주(接主)가 되어 신앙조직인 접을 이끌어가고 후일 동학농민혁명 때는 접을 묶어 포(包)라는 조직을 만든다.

들불처럼 번지는 세력과 조직은 체제를 위협하는 불온세력으로 의심받기에 충분했다. 각지의 유생이 나서서 탄원하자 드디어 관이 나섰다. 조정의 명을 받은 선전관 정운구는 동학을 조사하러 경주로 향했다. 정운구는 왕에게 올린 보고서에서 "문경새재를 지나 경주까지 이르는 고을마다 동학 이야기와 주문 소리가 그치지 않았다."는 사실을 적고 있다.

선전관이 올 것을 알고 신도들이 수운에게 피할 것을 권하자 그는 "도가 나에게서 나왔으니 내 스스로 당할 것이다. 어찌 몸을 피하여 그대들에게 누를 미치게 하겠는가."라는 말을 남겨 닥칠 운명을 기다렸다고 전한다. 용담에서 최제우와 23인의 신자가 체포됐다.

《고종시대사》1집에 나온 1864년 3월 2일자 기사에는《승정원일기》와《고종실록》을 참조하여 '동학교조 최제우의 목을 베고'라는 기사에 "최제우 등은 서양의 술수를 따라 명목을 옮겨 어리석은 백성을 현혹함으로써 황건적과 백련적과 같은 류라 하여 경중에 따라 처리하였다"고 적었다. 망해가는 국운을 앞두고 허약한 왕조는 동학과 최제우를 종교를 빙자하여 나라를 전복하려는 반란의 무리로 파악한 것이다. 그의 가르침은 그만큼 두렵게 다가오고 있었다.

곧 새 세상이 온다는 개벽의 예언을 남기고 깨달아 도를 편 지 4년 만에 최제우는 세상을 떠났다. 그러나 그의 가르침을 좇아 열렬히 세상을 바꾸려 한 동학의 교도들은 순교를 피하지 않고 줄을 이었다.

동학을 세운 수운 최제우는 무정한 시대에 개벽의 횃불을 들었다. 자신들의 권력과 유교적 질서를 지키는 것조차 힘들었던 구한말의 정권은 어둠 속에 감춰둔 학정과 세상의 한탄이 드러나는 것이 두려웠다. 세상을 어지럽혔다는 혹세무민(惑世誣民)과 좌도난정률(左道亂正律)의 죄목으로 최제우의 목을 베어 돌아선 민심을 막아보려고 했지만, 옛 세상은 끝났고 새 시대가 온다는 그의 가르침은 이미 사람들의 마음에 뿌리를 박고 있었다.

최제우의 순교 이후 조정의 기대와 달리 교세는 수그러들지 않았다. 최제우의 횃불을 세상을 불태울 들불로 만든 것은 해월 최시형(海月 崔時亨, 1827~1898)과 의암 손병희(義菴 孫秉熙, 1861~1922)이다.

최시형의 본명은 최경상. 후일 동학의 교조가 된 후 "도(道)는 용시용활(用時用活)하니 때와 짝하여 나가지 않으면 죽은 물건과 같다."면서 "이 뜻을 후세 만대에 보이기 위하여 스스로 이름을 고치겠노라."고 이름을 시형으로 바꾸었다. 그도 경주 사람으로 최제우처럼 어린 시절 부모를 잃고 머슴살이부터 온갖 어려운 일을 다 겪었다.

그는 최제우의 득도 소식을 듣고 곧바로 달려가 제자가 되어 해월(海月)이라는 호를 받았다. 철저한 수련으로 곧바로 종교적 신비를 체험하고 더욱 열렬히 수행하여 일찍부터 교조의 인정을 받았다.

곧 닥칠 박해를 예감한 최제우는 최시형에게 교통을 전했다. "오늘부터 도운(道運)이 그대에게 돌아가고 도법(道法)이 그대에게 전해졌으니 힘써 나의 마음을 어기지 말라"는 말로 제2대 교조의 일을 맡긴 것이다.

삼엄한 감시와 박해 속에서 최시형이 한 일은 교조의 가르침을 정리해서 펴내는 일이었다. 1880년부터 최제우의 가르침과 저술을 모아 동학 경전인 《동경대전(東經大典)》과 《용담유사(龍潭遺詞)》를 곳곳에서 찍어 펴냈다. 이로써 동학은 소문이 아니라 경전 속의 가르침으로 세상에 점점 다가서게 되었다.

최시형이 교조로서 처음 행한 설법은 신분의 귀천을 없애야 한다는 것이다. "사람은 한울이라 평등이요 차별이 없나니 사람이 인위로서 귀천을 가리는 것은 한울님 뜻에 어긋나리라"고 했다. 나라 밖은 이미 변해가고 있었지만 조선의 위정자는 외면하고 있던 시대의 흐름을 바로 잡으려고 한 것이었다.

연세대 사회과학연구소 오문환 박사는 "동학은 세상의 흐름과 함께 간다는 가르침을 내세웠으니, 도(道)란 시대 상황을 초월하는 것이 아니라 현실 역사와 함께 나가는 것임을 주장하고 실천했다."며 최시형은 현실과 종교를 밀착시킨 인물이라고 평가했다. 종교가 세상 한복판으로 나아가 사람들의 아픈 삶을 직접 구원해야 한다는 것이다.

최시형은 이곳저곳을 전전하다가 보은에 숨어 소리 없는 포교를 계속해갔다. 뜻을 가진 이들이 속속 동학에 입교하니 그 무렵 백범 김구도 해주에서 교인이 됐다. 열아홉 살의 김구는 1983년 보은으로 최시형을 찾아가 팔봉 접주의 첩지를 받았다. 한 해 뒤 그는 농민군의 선봉으로 해주성 공략에 앞장선다.

난불을ㅇ우을거시무어이시四 不遇時ㄷ恨嘆불고ㅇ세ㅆ리

말흐여ㅇ라松松家家아라시되ㅇ니지말고 天運이

둘니어ㅇ니ㅈ심말고도라가셔음흐이올十九호요ㅓ지말고ㅇ諸國

性疾運數다이기억ㅆ일며ㅇ기가ㅇ 太平聖世나기望으國泰民

安홀거시니ㅇ愧歎지心무시일고ㅡ시이여타ㅇ시이여下元甲시

니거든上元甲符時節의ㅇ茅古업쓰無極大道나이여시의

별거시니ㅇ니여내또쓰고찬쓰ㅓ라아ㅇ쓰ㅇ太平

由擊壤歌을不欠ㅅ일고ㅇ시ㅇㅇ世다무극도ㄷ傳之벌

寵안을번가ㅇ天意人心네가라벌남ㄷ두ㅓ봄ㅇ금

ㅎ쓰ㄷ세此人마음ㅇ 矢스아러시네ㅇ나ㅂ도ㄷ神仙나라니세

보고먼제뿔고ㅇ더ㄷ도ㄷ신분잇써안니잇고차쳐올가ㅇ잠

을둘이뿔쳐뫼이不見其家되써다라

도수기사
후구절

廣大흐ㄴ天地네定慮업시參程흐이이흐ㄴ니회포光陰

곳바니업여ㅇ챵여을엇흘ㅅ써창이몸을써져ㅇ뎐ㅅ박

흐私가사녀호뎐니심갓흐니ㅅ써도돈이세상의쳔운분ㅇ

흐여ㅇ茅古업여ㅇ無極大道아바뎌이여ㅇ구ㅅㅇ춍ㄷ王

흐ㅇㅇ太貴樂道흐ㄴ가사녀ㅇㅇ不道(丯지기후의遠慮追度

어진仙네飛雲갓지뫼와듯ㄷ樂中无樂은ㄴ가ㅣ니며로

본여뎐으로끌쩔과도흐ㄴ가셔의ㅇ不遇一쇠지만후의맛쳥ㅊ혼

농민혁명 직전은 동학의 최고 전성기였다. 전국 곳곳에 신도 조직인 포와 접이 조직해 있었고 무엇보다 민심을 돌려놓았다. 각지에서 수십 명에서 100명씩 지방관청에 몰려가 탄원서를 내고 있었다.

구한말의 역사를 기록한 황현의 《매천야록(梅泉野錄)》은 그들이 대궐에까지 몰려온 정황을 적고 있다.

죽은 최제우의 죄를 씻어 주기 위해 2월 중 대궐 앞에 수천 명이 엎드려 상소했다. 성균관 유생들은 먼저 성토해야 한다는 여론을 내고, 그들을 다 처형하여 난을 방지해야 한다고 주장했다.

황현과 같은 유학자들은 동학을 교조의 신원을 내세우는 혹세무민의 무리로 낮추어 보고 있었다. 그러나 상소의 핵심은 '탐관오리의 화를 입어 죽어 나가는 사람이 그치지 않으니 조정은 도탄에 빠진 민정을 공평히 살펴 헤아려 주기 바란다'는 민초들의 요구였다.

상소 끝에 돌아온 대답은 오히려 동학을 금하며 수괴를 잡으라는 명령이었다. 최시형은 이에 맞서 폭정으로부터 민중을 구하고 외세를 물리칠 것을 부르짖어 팔도 교도의 소집을 요청했다. 수만 명이 보은에 모여 돌로 성을 쌓고 관과 맞섰다. 결국 농민군의 봉기가 일어나자 정부와 유생, 일본과 청나라, 외세와 수구세력이 한편이 되어 혁명의 싹을 밟아버렸다.

갑오년인 1894년 최시형은 체포되어 동학의 수괴라는 죄명으로 교수형을 당했다. 그의 나이 72세였다. 이미 통령 신분으로 농민군을 이끌었던 의암 손병희는 그의 뒤를 이어 제3대 교조가 되었다. 손병희는 박해를 피해 일본으로 망명해 있었다. 본디 미국으로 가려 했으나 여의치 않자 일본에 머물며 오세창·박영효 등의 망명객과 교류하며 지냈다. 손병희가 본 것은 근대 개혁의 영향과 시대의 변화였다. 결국 종교와 정치사상의 민주화가 필요하다는 것을 절감하며 동학의 자기변신을 준비하고 있었다.

손병희는 망명 중에도 여러 차례 국정의 개혁을 요구했다. 그는 주권이 민중에게 있으므로 왕정에서 공화정으로 가야 함을 주장했다. 천심이 민심에 있다는 동학의 가르침은 그에 이르러 구체화된다.

서울대 종교학과 김종서 교수는 동학의 지도자에 따른 하늘관의 변화를 이렇게 설명했다.

> 수운 최제우가 말한 것은 시천주(侍天主), 즉 하늘을 모시자는 것이다. 최시형은 양천주(養天主), 우리 안의 하늘을 길러야 한다고 가르쳤다. 손병희에 이르러 인내천(人乃天), 즉 사람이 하늘이라는 메시지가 드러났다. 손병희가 일본에서 민주주의와 평등주의를 경험한 것이 교리에 드러나고 있었다.

점점 하늘을 대하는 행위가 적극적으로 변해갔다는 것이다.

을사늑약으로 나라를 빼앗기자 손병희는 1905년 12월 1일 동학의 교명을 천도교(天道敎)로 바꿨다. 동학교도가 기반이 된 진보회를 일진회가 흡수하여 친일에 나서자 세간에는 동학이 친일에 앞장선다는 원성이 자자했던 것도 큰 이유가 됐다.

손병희는 서울에 중앙총부를 세우고 교세의 복원을 서둘렀다. 일진회의 수장이던 이용구 등을 출교하여 친일세력과 일정한 획을 그었다. 교구조직을 정비하며 교조가 한울님에게서 받은 궁을기(弓乙旗)를 상징으로 내세우고, 일요일을 시일로 삼아 의례를 체계화했다.

손병희의 천도교는 안팎의 개혁을 이끌며 또 다른 민심과 천심의 폭발을 예비하고 있었다. 1919년 3·1운동을 준비하고 전국에서 조직적인 시위에 나선 것도 천도교인들이었다. 천도교는 줄곧 현실 개혁과 종교의 갈림길에서 고심했다.

"사람이 하늘이다."

천도교의 교리와 목적을 가장 적절하게 표현한 말이다. 세상에 존재하는 엄연한 차별과 모순을 해결하기란 거의 불가능해 보인다. 종교는 세상을 보는 다른 눈과 방법을 제시하여 빈부와 신분의 벽을 한꺼번에 해소하려 한다. 종교적 가르침 안에서는 한울님에게 수운 최제우가 들은 것처럼 '한울의 마음이 나의 마음'인 평등의 세상이 가능해진다.

수운 최제우가 종교적 깨달음 속에서 본 세상은 사람이 주인이 되고, 모두 상생하여 함께 어우러져 사는 곳이다. 그는 새로운 개벽이 일어나 지상천국이 이루어지기를 꿈꿨다.

서울대 종교학과 윤이흠 명예교수는 "천도교는 우주론적 종말론인 개벽사상이 핵심이며 오늘의 현실이 구제할 수 없도록 혼돈에 빠지면 빠질수록 후천 이상세계는 그만큼 더 장엄하고 화려하다."며 당시의 시대적 조건과 맞물려 민중을 사로잡았음을 강조했다.

최제우의 개벽사상은 이후 이 땅의 신종교에 하나의 이정표가 되었다. 증산교와 원불교, 심지어 통일교까지 후천개벽의 구현을 목표로 삼게 되었다. 그를 실현하는 주체와 방법은 달랐지만, 수운이 밝힌 선천개벽시대의 몰락과 후천개벽시대의 시작은 기정사실로 받아들여졌다.

사람을 세상의 근본으로 보는 인본(人本)과 평등, 상생의 가르침도 여타 신종교의 모범이 되어 각자 그의 가르침을 극복하거나 이어받아 교리를 세워 갔다. 한마디로 최제우의 가르침은 근대정신의 정형이 된 것이다.

천도교의 기본 경전인 《동경대전(東經大全)》과 《용담유사(龍潭遺詞)》는 최제우가 직접 지은 것이다. 《동경대전》은 한문체로 적은 경전이다. 종교 체험과 한울님과 만남의 과정을 적은 〈포덕문(布德文)〉, 수행의 요체인 주문의 해석과 무극대도의 종교임을 밝힌 〈논학문(論學文)〉, 도를 닦음에 지켜야 할 법도를 적은 〈수덕문(修德文)〉, 철학적 탐구를 편 〈불연기연(不然其然)〉의 4편으로 그의 사상과 수행의 도리를 밝히고 있다.

당시는 교육받은 유학자만 한문을 읽을 수 있던 때라 《동경대전》이 식자층을 대상으로 했음을 알 수 있다. 내용들이 비교적 체계적으로 저술돼 있고 철학적·종교적 깊이가 있어 그가 상당히 오랫동안 당대의 문제와 해결책을 고심하고 있었다는 점을 느끼게 된다.

《용담유사》에는 한글 가사체 8편이 실려 있다. 아내를 위해 지은 〈안심가(安心歌)〉, 자녀와 조카를 위해 지은 〈교훈가(敎訓歌)〉 등 누구나 쉽게 읽어 깨칠 수 있도록 배려하고 있다. 피상적으로 세상을 구원하려는 것이 아니라 내 곁의 사람부터 마음을 일깨우고 삶을 바꿀 수 있도록 호소한 것이 독특하다. 천도교가 후에 남녀평등에 앞장서고 소파 방정환을 내세워 어린이운동을 이끈 것도 교조의 이런 태도와 무관하지 않다. 한마디로 일찍부터 민중의 마음을 사로잡을 수 있는 언어와 가르침을 가지고 있었던 것이다.

연세대 사회과학연구소 오문환 박사는 "최제우의 하늘이란 종교적인 대상인 동시에 사람들이 살아가는 일상의 세상"이므로 시천주(侍天主)의 가르침으로 하늘을 모시는 일은 "세상의 사람을 모시는 것과 다르지 않아서 종교와 사회와 역사가 따로 떨어질 수 없다."고 지적했다. 그의 가르침이 종교에 국한되지 않고 적극적으로 세상을 바꾸는 변혁의 가르침이 된 것은 자연스럽다는 것이다. 그런 까닭에 2세 교조 해월 최시형은 더 나아가 "사람이 하늘이어야 한다."고 절규했다.

1918년 조선총독부는 천도교인 수를 148,000여 명으로 파악했다. 동학혁명의 좌절과 국권의 침탈에도 불구하고 교세는 여전히 꺾

이지 않았음을 알 수 있다. 3 · 1운동 이후 천도교는 내부로 눈을 돌려 교역자 양성과 교육에 나섰다. 미주에서 독립운동 관련 소식을 전하던 신한민보는 1922년 3월 23일자 기사에 천도교 종학원 설치 소식을 상세히 신고 있다. 천도교가 시대의 변천과 인문의 발달에 순응하고 종법사와 포덕사를 양성하기 위해 종학원을 설립했다는 것이다.

교육연한은 예과 1년에 본과 3년으로 따로 속성과 1년을 두고 있었다. 천도교 교리와 세계 종교사를 비롯하여 철학, 외국어, 수학, 역사, 심리학 등 고등교육 전반을 가르치고 있었다. 손병희는 전국에 수백 곳의 종학원을 세웠다. 세상을 바꾸는 개벽의 길을 교육으로 옮겨 놓은 것이다.

천도교는 주목할 만한 잡지들을 창간하여 교리를 널리 펼쳤다. 1906년 일간지 만세보(萬歲報), 1910년 천도교월보, 1920년 월간지 개벽(開闢), 1922년 월간지 부인(婦人), 1923년 월간지 어린이, 1926년 월간지 신인간(新人間) 등 일제하 언론사(史)에 주목할 만한 잡지를 두루 출판했다.

특히 개벽은 1926년 일제가 강제 폐간할 때까지 잡지의 왕으로 불릴 만큼 대중적인 인기가 높았다. 김일성은 그의 자서전《세기와 더불어》에서 10대 시절 잡지 개벽을 통해 "동학의 교리를 이론적이고 철학적으로 접할 수 있었다."고 밝힌 바 있다. 천도교는 일제하에 혁신적인 방법으로 대중을 이끄는 데 주저하지 않았다.

최제우의 사상을 연구하는 학자들은 그의 가르침이 종교적으로나

천도교 중앙대교당, 서울시 유형문화제 제36호로 지정된 주요 근대건축물

철학적으로 지금도 낡지 않았음을 지적한다. 천도교를 상징하는 주문인 "시천주 조화정 영세불망 만사지(侍天主 造化定 永世不忘 萬事知)"에는 분열로 대표되는 현대적인 문제를 해결하는 실마리가 담겨 있다고 주목한다.

오문환 박사는 이렇게 설명한다.

> 시천주 안에는 창조의 존재와 변화시키는 기운이 합해진다는 가르침이 담겨 있다. 근대에 와서 인간과 자연이 분열되고 영성과 인간성이 동떨어져 혼돈을 겪고 있다. 그러나 최제우는 이것이 결코 나눌 수 없는 것임을 일깨웠다.

수운 최제우의 가르침은 세상의 조화와 변화 속에 계속 혁신된다는 것이다. 내 안의 하늘을 모시고, 마음속의 신성과 영성을 깨달아 자연과 우주의 기운을 회복하는 과정이 후천개벽이라는 해석은 천도교가 아직도 진행 중인 오늘의 종교임을 일깨운다.

지금도 매주 일요일 오전 11시가 되면 서울 종로구 경운동에 천도교 서울대교당에 200여 명의 천도교인이 모여 종교의식을 치르고 있다. 천도교는 일요일을 한울님을 모시는 날이란 뜻으로 시일(侍日)이라 하고 의식을 시일식이라 한다.

현재 천도교 교구는 전국에 105개, 그 가운데 실제로는 85곳이 활동 중이며 미국과 일본에 각각 한 곳의 교구가 있다. 교인 수는 어림잡아 10만 명이 채 안 되는 것으로 파악된다.

1926년 7월 10일자 동아일보는 조선 종교현황 중에 천도교인 수를 200만 명으로 보도하고 있다. 같은 기사에 기록된 기독교 35만 명, 불교 20여만 명과 비교하면 압도적인 수다. 1930년 잡지 삼천리 10월호에서 천도교 핵심 인사 최린은 교당 수를 군 단위에 400개소, 면 단위까지 합하여 1,000개소 이상이라고 밝히고 있다. 국내뿐 아니라 도쿄, 런던, 미주 일대와 심지어 쿠바에까지 천도교 교당인 종리원이 있었다는 것이다.

천도교는 초창기인 동학 때부터 극심한 내부 분열을 겪었다. 제2대 교조 해월 최시형이 동학혁명을 이끌 때 남접과 북접이 노선 차이로 대립했고, 제3대 교조 의암 손병희가 교통을 물려받을 때도 국내파의 반발에 부딪혔다. 이후 천도교는 신파와 구파의 분열, 천도교에서 출교당한 송병준 일파의 시천교, 기타 동학계열 교파들과 대립을 거친다. 일제는 천도교의 분열을 조장하여 회유와 탄압의 수단으로 삼기도 했다.

광복은 역설적으로 천도교 교세가 급격히 쇠락하는 전기가 됐다. 앞서 인용한 삼천리의 기사에서 최린은 "천도교는 평안북도와 평안남도, 함경남도가 가장 번성하는 곳이며, 이곳의 신도가 전체의 3분의 1에 해당한다."고 밝혔다. 분단으로 가장 강력한 기반을 북에 남겨두게 되며 남북의 천도교는 분열과 쇠퇴의 길을 걷기 시작했다. 그뿐 아니라 급격히 밀려든 서구문물과 가치관은 종교로서 천도교의 위상을 위협했다.

3·1운동 직후인 1919년 9월 2일 청년운동조직으로 출발한 천도교 청우당(靑友黨)은 해방과 더불어 현실정치에 참여할 것을 선언한다. 1945년 10월 31일 '민족통일결성촉진, 전재동포구제, 실업대책'을 내세우며 지방대표 1,000명이 모여 부활전당대회를 개최했다. 이후 임정 지지, 반탁 성명 발표 등을 주장하여 현실정치에 뛰어들지만 성공하지 못했다.

북한의 천도교인도 1946년 2월 8일 북조선 천도교 청우당을 창당했다. 당시 북한 전역에 100여 개에 이르는 조직을 갖춰 소련 군정도 무시할 수 없는 세력을 과시하고 있었다. 북조선 청우당은 1948년 3·1절을 기해 남북통일 시위를 꾀하다 실패해 17,000명의 간부가 검거되는 불상사를 겪는다. 이 사건으로 남쪽에서는 북의 교단 간부들이 배신했다는 소문을 들어 격렬히 비난하면서 결별하고야 만다. 이후 남과 북의 정권은 정치적 이해 타산에 따라 청우당을 정략적으로 이용해 천도교는 대중들의 지지를 잃는 계기가 됐다.

1970년대 초 천도교는 박정희 대통령의 전폭적인 지지를 받아 한때 교세를 되살리는 전기를 잡았다. 정전협정 남측 대표이자 외무부장관을 거쳐 서독대사로 근무하던 최덕신은 박 대통령의 권유로 귀국해 천도교 교령이 됐다. 박 대통령의 지원으로 수운 최제우가 득도한 경주 용담정이 복원됐고, 현 천도교 중앙총부 건물인 수운회관이 건립됐다. 하지만 최덕신은 교단 내부의 분쟁으로 출교당하고 결국 미국 망명을 거쳐 1986년 월북한다. 그가 어린 시절 김일성과 함께 부친 최동오에게 동학을 배웠다는 설도 월북의 유력한 이유로 추측되고 있다.

이후 1997년 오익제 전 교령도 월북해 세상의 충격을 주었다. 이 두 사건은 천도교가 위축되는 중요한 계기가 되었다. 그러나 교세 위축의 근본적인 원인을 내부에서 찾는 시각도 있다.

천도교 중앙총부 관계자는 "현대의 교육 문화 수준에 맞는 교리 개발의 부재와 교역자 양성의 부진이 교세 위축을 가져왔다"고 지적했다. 게다가 '개인적 기복을 권하지 않는다'는 천도교의 신행관이 신도 수를 확장하는 데 장애가 된다는 것이다.

지금 천도교는 새로운 도약의 시간을 기다리고 있다. 천도교 교리를 정립하고 교역자를 체계적으로 양성하기 위해 대학원 대학의 설립과 해외 포덕을 위한 인력 양성을 준비 중이다. 유명무실한 교구의 재정비도 계획하고 있다.

김동환 전 교령은 천도교의 포덕을 위한 비전을 "우선 교역자를 양성하고 교육하는 일이 시급하다. 내부 교육기관인 종학대학원의 내실을 기하고 대학원 대학의 설립을 추진하고 있다. 천도교의 이념은 민족을 떠나 세계적인 구원의 대안이므로 외국어로 포덕할 수 있는 인력을 키우겠다. 최근 블라디보스토크 일대에서 천도교가 독립을 위해 애쓴 공을 인정받아 러시아 정부와 토지 임대에 관한 이야기가 오가고 있다. 실현되면 해외 수련원을 건립해 젊은이들에게 민족혼을 교육할 수 있는 기반을 만들겠다."라고 설명했고, 또한 "우리는 모두 한울님을 모시고 있어 평등하고 귀하다. 그것을 사무치게 알아 서로 존중하면 계층 간 갈등과 빈부 문제, 정치적 불평등, 남북 통일, 자연 파괴와 환경 재앙 문제는 자연스럽게 해결할 수 있다. 내 안의 한울님을 돌아보고 상대방 안의 한울님을 모실 수 있는 실천이 필요하다."고 하여 천도교가 현대에도 필요한 이유가 분명 있다는 것을 밝힌 바 있다.

천도교인들은 정신적 가치를 잃은 물질문명과 현대사회의 모순은 선천세계의 마지막 그림자로, 이미 열린 개벽의 시대를 막을 수 없음을 굳게 믿는다. 오늘도 민족 통일과 인류 번영은 결국 수운 최제우의 가르침대로 '사람이 곧 하늘'인 이치로 반드시 이루어질 것이라고 믿으며 시운의 변화를 예비하고 있는 것이다.

유·불·선의
일심에 합하다

갱정유도 강대성

강대성(1890~1954)

'시운기화 유불선 동서학 합일 대도대명 다경대길 유도갱정 교화일심'이라는
긴 교명을 가진 종교를 창종한 이는 강대성이다. 줄여 갱정유도 또는 일심교라
부른다. 강대성의 호는 영신당, 갱정유도에서는 영신당주로 칭한다. 전라북도 순
창에서 태어나 다섯 살부터 부친에게 글을 배웠으나 아홉 살 어린나이에 부친을
여의었다. 줄곧 농사를 지었으나 스무 살이 되자 세상일에 흥미를 잃고 하늘의
이치를 탐구하기 시작했다.

삼일운동 때 순창장터에서 태극기를 흔든 죄목으로 일주일간 옥살이를 했다.
삼년 후에 진정 세상을 구하는 일은 새로운 도를 세우는 길 밖에 없음을 깨닫고
본격적인 종교 수행에 나서게 된다. 몇 해를 전력으로 기도하다가 마침내 하늘의
명을 들어 회문산에 들어가 부인과 아들 세 가족이 각각 불법의 이치와, 유교의
도리와, 신선의 수련을 탐구하였다. 교명에 유불선 합일의 도를 밝힌 것은 이런
이유에서다. 도를 통했지만 회문산에서 아내를 잃고 아들과 함께 반은 깨어있고
반은 미친 상태로 세상을 떠돌았다. 사람들의 앞일을 맞추거나 이적을 보이자 제
자들이 모여들어 갱정유도를 일으켰다.

갱정유도는 철저하게 세상의 몰이해 속에서 비극을 당한다. 6.25 직전 영신당
주는 서울에 올라가 이승만과 면담을 요청하였으나 만나지 못했다. 그럼에도 갱
정유도 교인들은 UN을 비롯해 세계 각국 지도자에게 영신당주의 가르침을 전하
려는 노력을 계속했다. 1954년 아시아 반공대회장에 갱정유도 교인들이 참석하

영신당주 강대성

려했으나 '국가위신손상죄'로 몰려 구류처분을 받았다.

이런 일이 계속되자 1954년 6월 1일 전라북도 경찰국의 무장경찰들은 갱정유도 본부로 밀어닥쳐 강대성과 원로 간부들을 무자비하게 구타 연행하고 말았다. 대화중흥국 건립을 모의하고 혹세무민하여 국가를 전복하려는 사건으로 몰고 갔다. 사건은 후에 대법원의 무죄판결을 받았지만 그때 입은 부상으로 강대성은 그해 8월 16일 사망했다.

갱정유도 교인들은 지금도 상투를 틀고 한복을 입으며 예의범절을 지키며 전통을 지켜가고 있다. 자식들도 학교를 보내지 않고 전통적인 서당교육을 고수하고 있다. 한때 지리산 청학동에 모여 수도를 하고, 회문산을 비롯해 남원 등지에서 모여 살며 세상이 바른 도를 되찾을 날을 기대하며 수련을 늦추지 않고 있다.

매해 칠월칠석이면 갓 쓰고 도포를 차려 입은 30여 명이 계룡산 신도 안에서 산제를 올린다. 갱정유도(更定儒道) 한양원 교정과 수도인들이다. 옷차림은 조선의 유생과 같지만 갱정유도는 영신당주 강대성(迎新堂主 姜大成, 1890~1954)이 세운 이 땅의 종교다.

갱정유도의 정식 명칭은 무척 길다.

'시운기화유불선동서학합일대도대명다경대길유도갱정교화일심(時運氣和儒佛仙東西學合一大道大明多慶大吉儒道更定教化一心)'으로 줄여서 '갱정유도', 세칭 '일심교(一心敎)'라고 하는 것이 교의 명칭이다.

지리산 청학동에서 상투 틀고 전통대로 살기 시작했던 것이 갱정유도인들이다. 세간의 통속적인 관심이 쏠리고 세속화의 밀물이 닥치자 수도인들은 여기저기로 흩어져 자신들의 길을 가고 있다. 그들이 믿는 종교의 특색은 무엇일까?

한국학연구원 종교학과 윤용복 박사는 갱정유도의 종교적 성격에 대해 이렇게 설명한다.

유·불·선의 가르침을 다 담고 있으나 유교적 흔적이 강하고 전통사상을 잇는 면이 짙다. 종교적 계보로 보면 동학에서 영향을 받아 교조인 강대성이 자기 방향을 설정한 종교다.

강대성은 젊은 시절부터 종교적 관심이 컸다고 한다. 스무 살 즈음부터 세속의 일보다 천지간의 이치를 찾는 데 골몰했다고 한다. 스물 아홉 살에 결혼하고 이듬해인 1919년 아들 용학(龍學)을 얻었는데, 그해 3·1운동에 참여했다가 옥고를 치르기도 했다.

모친이 돌아가시자 3년상을 마친 후 정읍군 산내면으로 이사해 본격적으로 도를 구하기 시작했다. 당시 정읍 일대는 보천교의 교세가 막강하던 때라 곳곳에서 수도자들이 몰려들고 있었다. 그는 이름까지 기동(基東)으로 바꾸고 맹렬히 수련하던 중 하늘의 소리를 듣는 종교체험을 한다. 다시 순창의 처가 마을로 옮겨 천신에게 기도하는 생활을 계속한다. 당시 수련이 깊어 인간사의 길흉을 살피는 정도의 경지에 이르렀다고 한다.

39세가 되는 해에 홀연히 "금강산 금강암으로 가라"는 천신의 소리를 듣고 회문산의 승강산(勝剛山) 금강암으로 자리를 옮겼다. 초가삼간를 지어 아들에게는 유교의 도를 닦게 하고, 부인에게는 칠성과 산신을 모시게 하고, 자신은 선도(仙道)를 수행했다. 처자식과 함께 종교적 역할을 맡아 수련한 것은 극히 드문 예다. 마당에 금줄을 쳐 바깥 사람의 출입을 금하고 엄격한 수련 끝에 1929년 7월 어느 날 마침내 득도의 순간을 맞았다고 한다.

종교적 득도는 현실의 벽을 넘어서는 것으로 세속의 눈길과 언어로는 납득할 수 없는 비현실의 세계가 종교적 이적의 형태다. 강대성이 득도 이후 보인 몇 년간의 행적은 곧바로 취하고 미쳐버린 모습이다.

갱정유도의 시발을 알려주는 사건과 교리가 '누건수교리(淚巾水教理)' '생사교역(生死交易)'에 담겨 있다고 한다. 누건수교리란 강대성이 득도한 후 온 가족이 모여 대성통곡하며 흘린 눈물을 수건으로 받아 짜서 마시고 또 울기를 3일 동안 했다는 내용이다. 이후 부인이 목을 매 숨지자 시신을 방에 둔 채 여섯 달 동안이나 불을 때고 물로 씻어 냈다고 한다.

갱정유도 한재훈 포덕사는 그 내용을 이렇게 설명했다.

> 세상을 구제하기 위해서는 죽음과 삶, 육신과 정신, 하늘과 땅, 남자와 여자, 낡은 것과 새로운 것, 선천과 후천의 세계를 바꿔야 하는데 인간적으로는 차마 할 수 없는 아픈 일이라 온 가족이 붙잡고 울었다.

세상을 구원하기 위해 겪어야 하는 강대성의 인간적인 고통과 번뇌를 보여주는 예화라는 것이다.

이후 몇 년간 강대성은 반쯤 미쳐서 보낸다. 아내의 시신을 아무도 모르게 묻고 순창과 남원 일대를 아들의 손을 잡고 유랑했다. 곳곳에서 병을 고치거나 세상일을 예언하는 이적을 보여 세간의 눈길을 끌었다. 1934년 진안군 운장산에 머물면서 제자를 얻고 기본경전인 《해인경(海印經)》을 내놓았다. 이때부터 신자들이 하나둘 찾아와 기본적인 교세를 갖춘 것은 1942년 회문산 도령동에 최초의 성당(聖堂)을 짓고부터다.

강대성은 종종 일본의 패망과 세계사의 흐름에 대해 예언하기도 했다. 1940년 5월 6일 용산경찰서장은 일심교인 박수남을 불온인물로 체포한 보고서를 내놓았다. 일제의 조선신궁(神宮)과 군수물자운송 열차에 '조선독립만세' 등의 격문을 썼다는 혐의다.

재판부의 기록에 따르면 일심교는 "일심만능(一心萬能), 군교통일(群教統一), 세계평화(世界平和)"를 내세우고 독립을 꾀하는 유사종교집단 이라는 것이다. 갱정유도의 당시 교세는 미미했지만 반일정서가 뿌리 깊고 독립의 확신을 가지고 있었음을 알 수 있다.

광복이 되자 그동안 기록해 모아둔 경전을 펴내고 포교에 전력했다. 광복 직후의 혼란은 역설적으로 갱정유도의 교세가 정점에 이르는 계기가 됐다. 곧 난세가 닥치고 해인경을 읽어야 난리를 피한다는 소문이 퍼졌기 때문이다.

1954년 3월 갱정유도인 5명은 '세계평화를 이룰 대성인'이 나셨다는 소식을 이승만과 자유당에 전하려다 모두 체포된다. 이후 아시아 반공대회장에 교인 15명이 찾아가 같은 내용을 전하려다 국가위신 손상죄로 체포돼 1개월의 구류를 살았다. 이에 굴하지 않고 강대성은 갱정유도의 누건수교리를 영문으로 번역해 유엔과 미국 대통령에게 보냈고, 결국 이 일이 화근이 되어 불상사를 겪었다.

1954년 6월 1일 전북경찰국의 무장경찰 50명은 갱정유도 본부로

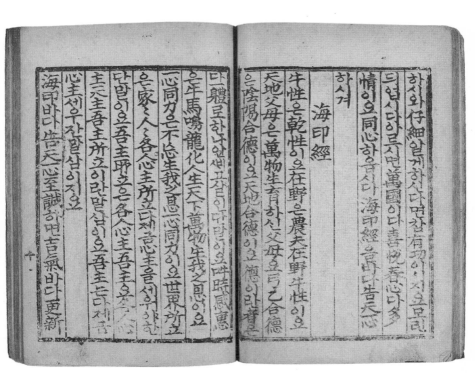

하사와 仔細일게하시다면 참 有힘이오 지오며

디엄시다오로서면 萬國이다 喜써 춤心다多

情이오 同心하엿시다 海印經으로 告다 告大心

하시겨

海印經

牛性은 乾性이오 在野은 農夫在野 牛性이오

天地父母은 萬物生育하신 父母로 乙 合德

은 陰陽合德이오 天地合德이오 德이라 할흔

다 一體로 하나엇세 고잡이단답이오씨씨心

은 牛馬鳴龍化人生天下 萬物牛我之時感

一心同力은 不忘生我之恩 一心同力이오 世界所立

은 家々人々各心主 所立 치 意心主을 셰우라함

단답이오 吾主所立이오 各人心主 吾主오

主로 吾主 吾主所立 이란말삼이오 吾主는 吾

心主 셰우잔 맬삼이지오

海印바다 告天心至誠하면 告 氣바다 更新

갱정유도의 경전인 해인경

들이닥쳐 무차별 구타하고 강대성과 57명의 교단 간부를 체포했다. 강대성은 체포 당시의 모진 폭행으로 병보석으로 나왔으나 치료 3개월 만에 세상을 떴다. 당시 이들에게는 국가를 전복하고 대화중흥국(大和中興國)을 세우려 했다는 국가변란이라는 죄목이 씌워졌다.

1954년 8월 16일자 동아일보는 전라북도 일원에만 갱정유도인의 서당이 157개 약 1500명의 학동이 교육받고 있으며 이들을 사교를 믿는 무리라고 보도했다. 적지 않은 교세를 펼치고 있었지만 결국 교조의 죽음과 세상의 몰이해, 정부의 가혹한 압박으로 갱정유도는 시류와는 무관한 길을 걷게 된다. 옛 모습을 지키며 수양으로 세상을 구하기를 꿈꾸는 그들은 반세기가 지나서도 여태 세상과 등진 모습으로 살아가고 있다.

종교는 현실과 비현실의 벽을 넘나든다. 해결할 수 없는 현실의 해답을 형이상학과 비현실적인 방식으로 대답하는 것이 종교다. 대부분 종교는 현실의 모순이 극에 이르러 일상적인 방법으로는 해결이 불가능해 보일 때 등장한다. 갱정유도도 마찬가지였다.

강대성은 세상의 고난과 문제가 사라진 이상세계가 반드시 오리라는 것을 예언했다. 일제의 가혹한 억압과 패망, 광복의 혼란, 남북의 분단과 전쟁을 거치면서 환란 없는 세상이 온다는 그의 주장에 귀를 기울인 것은 늘 고난 속에 시달려야 했던 대중이었다. 강대성이 머물던 전라북도 남원 일대를 중심으로 《해인경(海印經)》을 읽어야 난세를 피할 수 있다는 믿음이 널리 퍼진 것은 자연스러운 일이었다.

갱정유도의 기본 경전은《부응경(符應經)》으로 모두 365권으로 이루어졌는데, 강대성이 득도한 후 기록한 내용으로 국한문혼용에 대화체·일기체 등이라 읽기가 어렵고 일부는 유실된 채 전해진다.《부응경》중에서 가장 먼저 세상에 펼쳐진 것이《해인경》이다.

해인(海印)은 모든 물이 바다를 향해 흘러가듯 세상의 이치가 담긴 진리를 뜻한다. 불교에서 깨달음을 이룬 경지를 해인삼매로 표현한 데서 유래하지만, 종종 종교적 진리의 상징으로 받아들여진다. 이 땅의 종교적 탐구자들이 해인의 비밀을 밝혀내고 얻으려 한 흔적을 곳곳에서 찾을 수 있다.

강대성의《해인경》은 "우성재야 천지부모 궁을합덕 음시감혜 일심동력 세계소립 오주소립(牛性在野 天地父母 弓乙合德 牛時感惠 一心東力 世界所立 吳主所立)"으로 모두 28자의 짧은 주문이다. 갱정유도인들은 의례 때는 물론이고 일상에서도 반드시 몸과 마음을 가다듬어 한 자씩 신성하게 외우고 있다. 그만큼 교리의 핵심이며 수행의 중심인 것이다. 종교적 상징의 언어라 통속적인 해석은 어렵겠지만 대략의 내용은 "천지의 조화가 이루어지며 모두 천지부모를 알아 마음에 모시면 세상의 평화가 이루어진다"는 뜻이다.

강대성은 당대 이 땅의 종교들과 개벽의 시대를 함께 하고 있으나 그 성격에 대해서는 다르게 설명했다. 동학의 최제우와 증산교의 강증산, 원불교의 박중빈은 우리가 사는 절망의 시대 선천개벽의 시운이 끝나고 후천개벽의 시대가 온다고 믿고 있었다. 그러나 강대성은 모든 선이 천상으로 모이고 땅에는 악이 모여 있는 지금까지의 후천 음도(後天陰道) 세상에서 천지가 뒤바뀌는 선천양도(先天陽道) 세상이 온다고 주장했다. 이상세계가 이루어진다는 것은 동일하나 그 원리는 달리 본 것이다.

당시까지 유행하던 개벽의 이치는 선천에서 후천으로, 양에서 음으로 변화였다. 갱정유도는 거꾸로 후천이 선천으로 회복되고 음이 지배하는 세상이 양으로 바뀐다고 주장한다.

미래의 시운도 일부에서는 결실의 가을이 온다고 밝히고 있으나 강대성은 세상 기운이 새롭게 움트는 봄과 같은 시대가 온다고 주장했다. 모든 성인과 충효열사, 도덕선심들이 지상에 다시 돌아와 유도(儒道)의 세상이 회복된다는 것이다.

갱정유도는 신앙의 대상으로 선당궁(仙堂宮)을 모신다. 원형의 천문도 주변에 24절기를 표시하고 중앙에 선당궁이란 글자 등을 쓴 도형이다. 신자들은 집 안의 가장 깨끗한 방의 동쪽에 선당궁을 모시고 아침 일찍부터 선당궁을 향해 치성을 올린다. 선당궁은 우주의 신령한 기운이 머무는 곳으로 그곳에서 제불신선과 선한영령이 수련자와 교감하는 곳이라 믿는 것이다. 그 밖에도 일상을 수련삼고 24절기에 올리는 치성과 산제, 대제가 갱정유도의 주된 종교 의례다. 개인적인 수행으로 농한기에 백일을 묵언으로 지내는 특별수련을 한두 차례 올리기도 한다.

10여 년 전 갱정유도에 입도한 수련자 허은성 씨는 "머리를 기르고 예법에 맞춰 옷을 갖춰 입는 것 자체가 사람다운 도리를 지키는 기본적인 수련"이라면서 "예스럽게 사는 것은 처음을 잃지 않는다는 수련의 마음을 지켜가는 것"이라고 강조했다. 그는 갱정유도라는 교명 자체가 "유도는 사람이 지켜야 할 도리니 그것이 흩어진 시대라 다시 고쳐 바르게 세웠다"는 점을 지적했다.

갱정유도에서 한문을 가르치고 예를 갖추어 사는 것은 사람의 도리를 닦아가는 가장 기본이라는 점이라 했다. 갱정유도의 겉모습보다는 무엇을 지키고 수련해가는지 주목해 달라는 것이다.

변화를 기다리며 남들이 과거와 결별을 선언할 때 갱정유도가 오히려 과거의 복식과 예의범절로 돌아갈 것을 가르치고 실천하는 데는 인간의 도리를 되찾자는 영신당주 강대성의 가르침이 있다. 근대화 과정을 거치면서 철저하게 전통과의 단절을 경험한 시대라 갓 쓰고 도포를 차려 입은 갱정유도인들의 모습은 차라리 낯설다.

한국학연구원의 윤용복 박사의 평은 이렇다.

전통예절과 한문교육 등으로 갱정유도의 교육적 가치가 새롭게 주목받고 있지만 종교적인 확산은 쉽지 않을 것이다. 전통을 지키는 것이 과거지향으로 받아들여지기 때문에 교리를 펼치는 일이 힘에 부친다.

현대 갱정유도를 이끌고 있는 한양원 도정은 현대화의 현안에 대해 이렇게 설명했다.

> 여타 민족종교와 마찬가지로 갱정유도는 현대화 · 세계화의 과
> 제를 안고 있다. 폐쇄성을 극복하고 현 시대에 다가갈 수 있는
> 방안을 강구하는 데 주력하려 한다. 젊은이에게 전통뿐 아니라
> 현대 학문을 가르치고 서양철학을 접목하도록 하고 있다. 교리
> 와 경전을 현대적으로 펴기 위해 불가결한 일이다. 동 · 서양 학
> 문의 조화는 교조인 영신당주의 가르침이기도 해 절실하다.

강대성이 순도한 이후 갱정유도는 계도선사 김갑조(繼道先師 金甲祚)
가 맥을 이었다. 그는 17살에 갱정유도에 입도한 이래 열심히 수련하
다가 1958년에 도통하고 1962년에는 강대성의 딸과 결혼했다. 김갑
조는 교조의 가르침을 세상에 전하여 세상을 구제하기 위해 서울에서
대대적인 포덕을 계획했다.

1965년 6월 6일 오전 9시부터 전국에서 상경한 500여 명의 갱정
유도 신도는 미리 준비한 30만 장의 전단을 배포하기 시작했다. 경찰
이 용공유인물로 간주하고 강제연행하자 신도들은 중앙청을 향해 '단
군창업조선독립만세'를 외치며 시위를 벌인 끝에 전원 연행되는 사태
가 벌어졌다. 5 · 16 이래 반공이 국시가 되고 아무도 통일을 거론하
지 못하던 시절 500명이 넘는 교인이 들고 일어나 외세를 물리치고
삼팔선을 없애 우리 것을 되찾자는 외침은 충격이었다. 갱정유도는
이후에도 줄곧 남북통일과 세계평화를 주장한다. 시대에 뒤져 보이지

영신당주와 제자들, 갱정유도인들은 상투를 틀고 전통적인 의관을 갖추어 생활한다.

만 세상이 나가야 할 바를 진지하게 외칠 수 있었던 것은 갱정유도가 현실의 가치와 무관한 길을 걷고 있었기 때문일 것이다.

우리가 알고 있는 세상의 이치로, 꽃은 피면 진다. 꽃이 지면 화려한 시절은 사라져가지만, 다시 영화로운 세월을 기다리는 씨앗은 남아 있다. 한때 50만 명에 이르는 신자들이 도덕세계의 완성을 꿈꾸며 신앙하던 갱정유도는 지금은 그 자취를 찾기가 쉽지 않다. 대략 3만 명으로 추산되는 신자와 전국 36개 교당, 6곳 정도 남은 수련당이 있을 뿐이다. 전성기에 비하면 몹시 위축된 모습이다. 그래도 갱정유도 신자들은 미래를 낙관하고 있다.

한양원 도정은 갱정유도도 교세가 위축되었지만 미래를 위해 할 일을 준비하고 있다고 전한다.

현대 사회에 필요한 것을 전하는 것이 우선이다. 서구적인 가치와 물질을 추구하면서 매몰된 전통 예절과 인간교육이 필요하다는 것은 이론의 여지가 없다. 민족의 얼과 정기를 살리는 일도 시급하다. 이것은 지금까지 갱정유도가 올곧게 지켜오고 있다고 자부한다. 현대인에게 정신적 가치와 삶의 목표를 되찾아주는 일에서 첫발을 내딛겠다. 세상이 필요한 것을 돌려주는 게 종교가 해야 할 일이기 때문이다.

광복 직후 전성기의 갱정유도는 현실에 적극적으로 개입하려 했다. 교조 강대성이 순도하게 된 '대화중흥국 사건'이나 제2세 교조 김갑조가 주도한 외세 배척과 통일 주장의 만세 시위 사건 등은 도덕문명시대를 주도적으로 이루려 한 갱정유도의 현실 참여로 볼 수 있다. 대의명분을 중시하고 시운의 변화를 확신하고 있었기 때문에 세상을 향해 외쳤던 것이다.

현재 갱정유도를 이끌고 있는 한양원 도정은 갱정유도가 대외적 발언과 실천에 앞섰던 이유를 설명했다.

> 갱정유도는 민족과 인류의 시운이 암흑에서 광명으로, 겨울에서 봄으로 바뀐다는 것을 굳게 믿는다. 봄이 되면 씨를 뿌리고 밭을 일구는 것이 당연한 일이다. 우리가 원하는 미래는 기다린다고 오는 것이 아니라 적극적으로 만들어 가야 하는 것이다.

그 대가는 가혹했다. 교단 간부들이 구속되는 일이 벌어졌고 언론은 갱정유도를 사교로 몰아갔다. 1954년 8월 16일 동아일보는 내무부에서 갱정유도의 근거가 되는 서당을 폐쇄하도록 문교부에 요청했다고 보도하고 있다. 당시 정권은 한자교육을 금지해야 한다는 법적인 논란까지 벌이면서 갱정유도를 압박했다.

경찰의 발본색원 방침에 따라 교세는 급격히 줄어들었고 열성적인 신자들은 깊은 산속으로 들어갔다. 지리산 자락 청학동 골짜기나 여천, 논산, 변산, 거제도, 고창 등의 오지를 찾아 몇 가구씩 모여 살며 농사 짓고 글을 가르치는 은둔과 수양의 시간을 보냈다. 세상의 몰이해를 피해 높은 담을 쌓은 것이다.

최근 남원의 갱정유도 총본산과 몇몇 지부에는 젊은이의 발길이 하나 둘씩 늘었다. 낯선 삶의 방식과 가르침에 관심을 갖고 갱정유도에 입도하는 이도 생기고 있다. 20대 초반에 갱정유도에 입도한 허은성 씨는 "일반 학문은 지식을 가르치지만 갱정유도의 교육에서 인성과 사람의 근본을 배울 수 있었다."면서 "몸과 마음을 함께 수양할 수 있어 종교로 받아들이게 됐다."고 했다.

낡아 보이는 겉모습과 달리 현실에 접근할 수 있는 실용의 여지가 많다는 것이다.

한국학연구원 윤용복 박사는 오히려 지금이야말로 갱정유도의 의미가 분명해졌다고 지적했다.

물질만능의 현대 사회에 인간을 중시하고 도덕과 전통의 가치를 주목하는 갱정유도의 주장은 귀 기울여볼 만하다. 그들이 제시하는 이상적 가치가 현실 속에서 반드시 실현 불가능한 것은 아니다.

갱정유도의 한양원 도정은 앞으로 갱정유도를 비롯한 민족종교의 전망을 낙관하여 이렇게 설명한다.

물질과 정신의 관계는 동양과 서양, 몸과 마음의 관계로 비유할 수 있다. 둘 중 어느 하나에 치우쳐 있으면 건강할 수 없다. 지금은 돈과 물질에 관심이 치우쳐 있지만, 진정 행복해지려면 정신적인 가치도 살려야 하고 조화를 이루어야 한다. 밤이 지나면 아침이 오고 겨울이 지나면 봄이 오듯이 물질문명이 극에 달했으니 정신과 도덕에 다시 관심을 갖게 될 것이다. 그때는 민족의 정신과 갱정유도가 힘을 더하리라 믿고 있다. 모두 평화롭고 행복해지기를 바라는 것이 갱정유도가 추구하는 것이다.

회문산 경화궁서당, 군산 인원한문학원, 고창 용추골서당 등 갱정유도 서당은 청소년에게 전통예절과 한문을 가르치는 교육의 장으로 개방돼 주목받는다. 학교와 사회에서 가르치지 못하는 것을 배울 수 있는 곳으로 평가받는 것이다.

갱정유도가 최근 주력하는 것은 도덕성과 민족얼 회복 운동이다. 영신당주 강대성은 《부응경》에서 "도덕은 곧 선함에 마음이 그쳐, 모두에게 측은한 마음을 두어 하나도 죽이고자 하는 마음이 없이 다 살리고자 하는 마음"이라고 했다. 그리고 밀려오는 서양의 물질문명에 얼을 빼앗겨 우리 것을 잃으니 세상의 대립과 모순이 더 커졌다고 했다. 갱정유도는 우리 얼을 되찾아 조화를 이루어야 상생의 시대가 온다는 것을 주장한다. 갱정유도의 낡아 보이는 옷과 가르침 속에는 오히려 새로운 세상을 위한 신념의 씨앗이 담겨 있는 것이다.

깨닫고 참회하고
실천하라

진각종 손규상

진각종 진각마크

손규상(1902~1963)

　진각종을 창종한 손규상 대종사는 울릉도 태생이다. 어려서 이름은 덕상이었고 후에 규상으로 개명하였다. 호는 춘농이며 법명은 회당이다. 보통학교를 졸업하고 배움의 의지는 있었지만 상급학교에 진학하지 못했다. 울릉도에서 학용품 가게를 시작한 후 잡화상으로 발전하여 번창하였다. 1930년 포항으로 이사하여 사업을 발전시켰다.

　모친의 권유로 포항 죽림사에 불공을 하러 갔다가 불법을 토론한 후에 새로운 인생의 도리에 눈을 떴다. 틈틈이 절을 순례하고 승려들과 법담을 나누었으며, 《법화경》《지장경》 등을 인쇄하여 배포하는 일에 몰두했다. 해방 직후에 병을 얻어 대구 인근 달성군 성서면의 농림촌에서 기도하며 직접적인 수행의 계기를 얻게 된다. 관세음보살과 육자진언 '옴 마니 반메 훔'을 염송하며 정진하던 중 마침내 삼매에 드는 종교적 각성의 순간을 맞았다.

이후 1948년 '교화단체참회원'을 열고 대구 경주 부산 등지에 참회원을 개원하며 참회운동을 펼치게 된다. 한국전쟁 중인 1952년 '참회원'의 명칭을 '심인불교'로 바꾸었다. 수행의 목적을 마음 밝히는 공부, 즉 심인을 밝히는 수행임을 천명한 것이다.

회당의 불교운동은 전통적인 불교와 달리 의례를 배제하고, 불상에 의지하기보다 스스로의 마음에 눈을 뜨는 새로운 실천을 표방했다. 현대 한국 밀교의 신기원을 이루어 진각종에서 가지를 뻗어 진언종과 총지종이 분화했다. 위덕대학을 비롯해서 각종 교육기관을 설립하여 미래를 위한 준비를 착실히 했으며 비교적 탄탄한 교세를 유지하고 있다.

오래됐다고 낡은 채 사라지는 것은 아니다. 종교는 현실을 담는 이념과 실천으로 거듭나 늘 새로운 모습을 유지해 간다. 고목에서 새 가지가 뻗고, 젊은 나무로 숲을 메우는 것과 같다. 대한불교진각종(이하 진각종)은 광복 직후 이땅에서 창종된 불교의 새로운 종파다.

불교 종파를 현교(顯敎)와 밀교(密敎)로 나누는 경우가 있다. 비유하면 현교는 경전을 통해 전해진 부처의 가르침을 신행의 중심으로 삼고, 밀교는 그 외에 부처의 마음이 비밀리에 전해진 수행을 본질로 삼는다. 진각종(眞覺宗)은 밀교를 표방한다.

우리나라에 밀교가 들어온 것은 신라 선덕여왕 때 명랑법사(明朗法師)가 창종한 신인종(新印宗)이 대표적이며 고려시대에도 교세를 떨쳤지만 이내 맥이 끊어졌다. 진각종은 1947년 6월 14일 손규상(孫珪祥, 1902~1963)이 대구에서 신불교 운동을 표방하며 창종했다.

손규상은 울릉도에서 태어났다. 어려서 이름은 덕상(德祥), 법호는 회당(悔堂)이다. 부친은 한약방을 경영했지만 그다지 유복한 형편은 아니었다. 울릉도에서 보통학교를 마치자 집에서 2년간 한의와 약에 관해 배우며 가업을 돕고 있었다. 20세에 규수인 배신(裵信)을 만나 결혼하고 부유한 처가의 도움으로 육지로 유학을 떠났다. 대구의 계성학교에 진학했으나 학교가 폐교되어 일본으로 건너갔다. 도쿄에서 낮에는 노동일을 하고 밤에는 야학에 다니던 것도 잠시, 관동대지진이 일어나자 그마저도 접고 울릉도로 돌아오고 만다.

이후 울릉도 도동에 가게를 열어 성공하자 포항으로 이사해 잡화상과 포목점으로 큰 성과를 일구었다. 이때 스스로 춘농(春農)이라는 자를 지어 가게 이름을 춘농상회라 불렀다. 사업은 번창했지만 인간적인 큰 슬픔을 겪었으니 울릉도에서 낳은 세 자녀가 차례로 세상을 떠난 것이다. 불교신자였던 모친의 권유로 포항시내 죽림사에서 재를 지내고 불상을 시주한 것이 불교와 본격적으로 인연을 맺는 계기가 됐다. 이때부터 그는 간간이 죽림사에 들러 불교 교리를 공부하고 신행을 시작했다.

절을 다니기 시작한 후 어느 날 그는 집안에 돌아와 외상장부를 모두 꺼내 불태웠다. 놀라는 가족들에게 "우리가 편히 먹고 지내는 동안 여기 적힌 사람들은 빚 때문에 전전긍긍했을 터이니 이제 그 빚에서 해탈시켜 주는 것이다."라고 말했다고 한다.

해방이 되자 손규상은 현실 정치에 관심을 가졌다. 〈도덕정치론〉이란 글을 써 배포하고 자금을 마련해 서울로 가 수개월 간 머물며 정치에 참여할 길을 모색했지만, 결국 뜻을 이루지 못했을 뿐만 아니라 건강도 잃었다고 한다. 애써도 병은 낫지 않고 수의까지 마련할 처지가 되자 가족들에 끌려 찾은 곳이 대구 인근의 농림촌이다.

농림촌은 당시 치병의 이적으로 소문난 박 보살이란 노파의 명성으로 난치병에 걸린 사람들이 모여들던 곳이다. 농림촌에서는 주로

관세음보살을 외우는 기도로 사람들을 이끌고 있었다. 신비한 체험으로 병이 낫자 손규상은 이곳에 머물며 49일간 기도를 마쳤다. 이후에 아예 마당에 움막을 지어 '옴 마니 반메 훔'을 외우는 100일간의 정진을 시작한다.

1947년 5월 16일 새벽, 마침내 손규상은 대각의 종교 체험을 이루었다. 이어 6월 14일 그는 창종을 선언했다. 교단이 구체적인 형식을 갖춘 것은 1948년 8월 3일 '교화단체 참회원'이란 명칭으로 종교단체로 등록하고 대구시장에 참회원(懺悔園)을 개설한 이후다.

참회원에서는 전통 불교에 비하면 종교개혁에 가까운 파격적인 신행이 이루어졌다. 진각대학원 김경집 교수는 그 배경을 이렇게 설명한다.

당시 내세운 기치는 형식 타파, 생활 속에서 이루어지는 수행, 복을 비는 의식보다 마음을 밝히는 자각의 불교였다. 광복 직후의 혼란기에 기존의 기복적인 불교로는 세상을 구제할 수 없다는 뜻에서 새불교운동을 일으킨 것이다.

일제가 물러간 이후 미군정이 들어서고 새로운 세상을 염원하는 민심은 참회원의 혁신에 귀를 기울였다. 회당 손규상은 대중에게 "깨달아 보라. 참회해 보라. 실천해 보라"를 외쳤다. 가장 큰 변화는 법당에서 불상이 사라진 것이다. 의지하려는 외부의 대상을 없앴다. 불교는 마음을 닦아 자성을 밝히는 종교이며, 부처는 결국 자신의 마음속에 있음을 강조하고 나섰다. 즉 종교적 구원이 절대자나 그 밖의 대상으로 인해 이루어지는 것이 아니라 자신이 깨닫고 참회하고 실천함으로써 이루어진다는 사실을 천명했다.

'교화단체 참회원'으로 시작한 진각종은 몇 차례의 변화와 분열을 거쳤다. 1949년 12월 '심인불교(心印佛教)'로 이름을 고치는데, 마음속 진리인 심인(心印)을 찾는다는 뜻에서다. 전쟁 중인 1951년에는 '심인불교 건국참회원'으로 정부에 등록하였다. 전쟁 중에도 손규상은 서울 왕십리에 교당인 밀각심인당(密覺心印堂)을 짓고 1953년 8월 '대한불교진각종'이라는 정식 교명을 정했다.

진각종의 초기 구성원은 곧바로 분열하여 진언종(眞言宗)을 이루었고, 1972년 일부가 떨어져나가 총지종(總指宗)을 설립했다. 진언종과 총지종 모두 밀교종단으로 진각종은 우리나라 현대 밀교종단의 모태 역할을 한 셈이다.

진각종은 여타 불교종단에 비해 재가자 중심의 생활불교라는 점이 두드러진다. 창종 당시에는 출가자와 재가자의 2원 체제로 시작했지만 지금은 모든 교직을 재가자가 맡고 있다. 교직자를 통칭 스승이라 하고 남자는 정사(正師), 여자는 전수(傳受)라 부른다. 일반적으로 승려가 되는 출가에 비해, 마음으로 거듭 난다 하여 심출가(心出家)라는 형식을 거친다.

진각종이 비교적 짧은 시간 내에 자리 잡은 데는 회당 손규상의 교육관에 힘입었다. 1953년 대구에 심인공민학교를 지어 이를 기반으로 1957년에 심인중·고등학교를 개교했다. 1977년 서울에 진선여중·고를 세우고 1996년 경주에 위덕대학을 설립했다. 그 밖에 전국 심인당에서 운영하는 30여 개의 유치원이 있다. 위덕대학 초대총장은 회당의 아들인 손제석 전 문교부 장관이 맡았다. 회당학원 최종웅 이사장은 진각종이 교육 사업에 힘을 기울인 배경을 설명했다.

> 손규상 대종사는 일제 강점기를 벗어나 혼란한 상황을 극복하기 위해 교육을 가장 우선해야 할 사업이라 했다. 때문에 창종과 동시에 교육에 치중했다. 인간의 존엄성은 교육을 통해서 되찾을 수 있기 때문이다.

기존 불교가 비구·대처 분쟁을 거치며 소모적인 시간을 보낼 때 진각종은 교육을 통해 신세대에 다가서고 모든 경전을 과감히 한글로 바꾸었다. 신행공간을 현대화하고 산중보다는 철저히 마을 한가운데 교당인 심인당을 세웠다. 의식을 통일하고 마음을 닦는 신행법을 만들어 생활불교·실천불교를 확립한 것이다.

진각종이 서울에 자리를 잡고 우선한 것은 교리체계를 세우고 경전을 번역한 일이다. 불교 경전 중에서 밀교부에 해당하는《대일경》·《금강정경》·《보리심론》등을 번역하고 밀교의 역사와 계율 등을 모아《총지법장》을 펴냈다. 모두 한글로 펴내 누구나 쉽게 읽고 알 수 있도록 했다.《총지법장》이후 교화에 필요한 실제적인 내용을 엮은《응화성전(應化聖典)》을 펴냈다. 지금은《진각교전》을 경전으로 쓰고 있다.

일찍 교리를 집대성하고 수행체계를 만들며 교육 중심의 체제를 세운 까닭에 교조의 입적 이후에도 별다른 침체 없이 교세를 이어갈 수 있었다. 창종 60주년을 앞두고 전국에 6개 교구, 120여 개 심인당, 250여 명의 성직자가 있는 한국 불교 4대 종단으로 자리 잡았다. 진각종에서는 신도를 100만 명이라고 주장한다. 2005년 정부의 조사 통계에 불교 신자로 응답한 이가 1,000만 명이 조금 넘은 것에 비추어 보면 만만치 않은 교세임을 실감할 수 있다.

진각종 내부에서는 앞날을 낙관하고 있다. 물질만능의 시류가 계속될수록 심성을 되찾으려는 반성이 커지고 옳은 길을 보여주면 자연히 그 길을 걷게 된다는 것이다. 진각종은 젊은이들로부터 미래를 모색한다. 수원에 어린이도서관을 짓고 8,000여 권의 불교 관련 책과 전자도서관을 갖춰 밀교가 어렵다는 생각을 벗어날 수 있는 계기를 만들고 있다.

종교는 옛 가르침을 통해 새로운 길을 열어간다. 시대에 맞는 실천으로 낡은 옷을 벗고 새로움을 지속해가는 것이다. 불교는 이 땅에 들어온 지 1,500여 년 만에 진각종이라는 새로운 형식으로 세상에 다가서고 있다. 회당 손규상은 "불교는 복을 비는 종교가 아니라 마음속의 깨달음으로 진리에 다가서는 종교"라며 진각종을 창종했다. 그 새로운 실천이 어떤 열매를 맺을지 지켜보는 것도 흥미로운 일이다.

민족 종교의 흐름을 찾아서

종교는 인간을 구원하지만 세상 갈등의 상당부분은 그로 인해 시작되고 상처는 깊어진다. 인간은 종교의 이름으로 타인을 사랑하고, 믿음 때문에 같은 인간을 증오한다. 자비를 베풀고, 살육까지 서슴지 않는다. 너무 깊은 모순이 종교 속에 담겨있다.

현 시대 종교의 상징적 인물인 달라이 라마는 "종교보다 윤리가 더 중요한 시대가 올 것이다."고 공언했다. 인간의 지성이 발달함에 따라 특정 종교의 믿음 보다는 인간의 보편적인 윤리의식과 합리성이 더 크게 작용할 것이라는 예측이다. 실례로 서구에서 전통적 종교의 입지는 줄고 있으며 종교가 사회와 문화를 통합하던 작용은 점차 옅어지고 있다. 국내에서도 종교 인구는 점차 줄어들고 있다는 통계치도 보인다. 하지만 그뿐일까. 어째서 달라이 라마의 티베트 민족들은 아직도 종교적 믿음을 굳게 지켜가며 외적인 박해와 압박에도 불구하고 전통적인 신앙을 포기하려들지 않는 것일까. 왜 신장의 위구르족들은 조롱과 억압 속에서도 자신들의 종교적인 삶을 지속하고 있을까.

중국에서 이데올로기로 대중을 통제하던 시대가 지나가자 가장 큰 이슈로 떠오른 것은 종교문제였다. 당과 이념에 대한 가시적인 반발을 드러낸 것은 믿음의 권리를 달라는 '파룬궁(法輪功)' 신자들의 저항이었다. 결국 그들은 공산당에 대한 공개적인 저항을 천명하고 나섰다.

최근 중국 종교학계가 주목하고 있는 것은 신종교(新宗教) 문제이다. 중국신종교학회 창립에 주도적인 역할을 했던 북경대학교 김훈 교수는 "중국에서는 앞으로 신종교가 사회적으로 크게 문제될 소지가 많다. 파룬궁은 그 문제의 시발을 보여준 사건이다."는 의견을 밝힌 바 있다. 사회가 새로운 가치로 재편되는 과정에서 전통적인 종교보다 신종교가 사회에 미치는 영향이 더 클 수 있다는 인식이 퍼지고 있다.

중국공산당 관계자는 이데올로기를 대체하여 사회를 통합할 무엇인가를 찾는다면 그것은 종교가 될 것이라는 고백을 한 바 있었다. 빈부격차가 심해지고 사회적 갈등의 요소들이 깊어질수록 사회통합을 위한 제3의 대안이 필요해졌다. 특히 개방과 자본주의화가 진행되면서 번지기 시작한 서구사상과 기독교의 전파는 깊은 위협으로 다가섰다. 그에 대응하여 지난 10여 년간 중국정부의 종교, 특히 중국 고유종교인 도교와 전통에 뿌리를 내린 불교에 대한 국가적 투자는 괄목할 만하다. 사회변혁기에 종교가 얼마나 중요하게 작동하는 지를 유물론자들이 더 깊게 인식하고 있는 것이다.

종교와 가치에 대한 문학적 탐구로 명성을 얻은 미국 작가 로버트 퍼시그는 "한 인간이 망상에 빠지면 미쳤다고 하고, 집단이 그에 사로잡히면 종교라 부른다."는 냉소적인 평을 남겼다. 기존의 도덕과 가치뿐 아니라 합리적인 이성의 관점에서 종교, 특히 새로운 종교는 많은 의심을 갖기에 충분하다. 지난 시절 봇물 터지듯 쏟아진 이 땅의 신종교들은 그야말로 불합리했던 시대를 살아남기 위한 처절한 형이상학적 노력이라 볼 수도 있을 것이다.

어떤 이는 "종교란 현실적 문제를 비현실적으로 해결하려는 노력이다."고 표현했다. 종교가 현실문제 해결에 큰 도움이 될 수 없다는 주장이다. 달라이 라마는 어린 시절 만났던 마오쩌둥에 대해 자신에게 인간적으로 잘 대해줬다고 회고했다. 다만 마오는 그에게 "종교는 인민에게 독이 된다."는 확신을 심어주려 했다고 전한다. 마오쩌둥뿐만 아니라 유물론자들이 종교에 대해 단언하는 '인민의 아편'이란 표현은 마르크스가 그의 '헤겔 법철학 비판(1843)'에서 했던 현실 비판의 일환에서 비롯됐으며 종교와 현실과의 관계를 극명히 보여주는 문장이다.

"종교적 고통은 현실적 고통의 표현이자, 현실의 고통에 대한 저항이다. 종교는 억압된 피조물의 탄식이며, 비정한 세상의 심장이며, 영혼 없는 현실의 영혼이다. 종교는 인민의 아편이다."는 것이 마르크스의 문장이다.

그가 주장하려 했던 것은 현실은 고통스럽고, 사람들은 억압되어 있으며 그 어떤 온정조차 없는 것이 세상이라서, 현실에는 영혼의 몫이 없으니 현실의 모순을 극복하려면 그 본질을 직시해야 한다는 통찰이다. 즉 현실의 모순을 잊는 데는 도움이 되지만 종교를 통해서는 그것을 고칠 수 없다고 주장한 것이다.

다시 이 땅에서 일어났던 종교적인 노력들을 살펴보면 그들은 종교를 통해 이상적인 세상을 현실에서 구현할 수 있다고 믿었다. 그것도 당대에 즉시 가능하다는 약속을 했었다. 그만큼 그 시대는 불안하고 고통이 컸으며 저항도 컸기 때문이다. 돌아보면 창종자들이 보여줬던 종교적인 꿈은 더러는 사라져갔고 어떤 것은 보이지 않게 실현되고 있다고 주장한다. 그것이 무모하거나 혹은 진실이거나 우리는 알지 못한다.

종교는 사회와 시대의 영향을 깊게 받는다. 뿐만 아니라 당대의 종교로부터도 깊은 간섭을 받게 된다. 통일교 문선명 총재가 성화한 후 갱정유도 한양원 도정은 1957년 자신이 직접 그에게 주역을 가르쳤던 바가 있었다고 주장했다. 원불교, 천도교, 증산교, 보천교 등도 각각 서로에게 적지 않은 영향을 주고받았다. 종교가 시대의 삶과 무관치 않기에 자연스러운 일이다.

한국전쟁 이후 종교와 문화적 상황이 크게 달라졌다. 현실은 급변했고 세상은 전혀 다른 가치의 지배를 받게 됐다. 미국의 구호물품 물량공세를 앞세우고 이북 출신 월남기독교인들의 결속에 힘입어 기독교는 전 세계에서 유례를 찾기 어려울 정도로 급속한 양적 팽창을 이루어냈다. 비구와 대처 싸움을 겪으며 불교는 선종을 주창한 조계종 중심으로 확장됐다.

특히 서구 문화를 등에 업은 기독교중심 교육과 일제하에 지속적인 주입의 결과로 민족종교나 신종교들은 유사종교 내지는 사이비, 이단, 신흥종교 등 부정적인 칭호를 얻게 됐다. 게다가 불교 기독교 등을 고등종교로 칭하고 여타 종교를 하등하거나 미신으로 치부하는 비상식도 널리 퍼져 있다. 대체 종교의 고등성과 하등적 성격을 누가 어떤 기준으로 줄을 그어 판별할 수 있단 말인가. 그런 분위기 속에서 아직까지 맥을 잇고 있는 신종교들은 그 자체만으로도 대단하다 여길 수 있다.

신종교에 씌워진 부정적인 시선 중에 상당부분은 반사회적 종교의 폐해 때문일 것이다. 구원의 약속을 내세웠지만 실상은 교주의 개인적인 치부나 사적 욕망을 충족하는데 급급했던 종교들이 분명 있었다. 신비에 의지하고 말세를 부각시키며 영생과 선택된 지상천국으로 사람들을 유인한다. 어떤 종교집단은 극단적이고 파괴적인 모습으로 비극을 만들기도 했다.

대부분은 사라졌지만 우리 사회 일각에는 아직도 그런 종교적 주장들이 남아있고 또 다른 비극을 만들어가고 있다. 더러는 종교적 가르침을 유사과학이나 비즈니스로 교묘히 감추고 사람들의 정신적인 공백에 다가서고 있다. 사회가 병들수록 종교의 반사회적 행태들은 깊어간다. 더욱이 합법적 사업의 탈을 쓰고 신자들의 재산을 갈취하거나 물품 강매를 유도하는 행위가 있다면 그것은 더 이상 종교로 볼 수 없으며 구원의 탈을 쓴 악일뿐이다.

얼마 전 이 책에도 등장하는 종교의 고위인사와 만나 이야기를 나누던 중 새겨들을 만한 의견을 들었다. 그는 현재 종교가 일으키고 있는 대부분의 문제들은 "종교가 생계형으로 변했기 때문"이라고 진단했다. 더 나아가 "종교가 세상을 걱정하던 시대를 지나 이제는 세상이 종교를 걱정해야만 하는 때가 됐다."는 자성의 말을 했다. 세상의 병은 깊어가고 종교가 그 병세를 치유하기는커녕 더 큰 고통을 만들고 있다는 것이다.

　분명한 것은 인간은 누구나 죽음 앞에 무력하다는 것이다. 이 땅의 창종자들도 새로운 종교적 비전을 제시했음에도 그 누구도 현실적 영생을 살지 못했다. 가장 최근에는 통일교의 문선명 총재도 성화했다. 역설적으로 인간은 죽을 수밖에 없는 존재이기에 종교와 철학이 생겼고, 또 필요하다. 죽음 앞에서 인간을 위로하고 한계적 존재임을 자각하여 윤리적으로 살 것을 일깨우는 것이다. 그렇지 않고 생노병사라는 인간의 당연한 숙명을 조롱하는 종교적 가르침은 맹목과 맹신일 뿐이다.

　종교적 가르침은 종교적 내용 속에서만 구원이 가능하다. 누구든 불사의 삶을 누릴 수 있다거나, 세상의 종말 속에서 그를 믿고 따르는 이들만 구원된다고 가르친다면 그것은 이미 보편적 가르침을 잃은 것이라 판단할 수 있다. 역사상 불사를 누린 종교 지도자가 있다면 한 명이라도 들어보라. 하물며 이미 지옥에 빠진 조상들을 구할 수 있다거나, 자신들을 통하면 그 어떤 죄악으로부터도 자유로울 수 있다는 주장은 앞서 인용한 퍼시그의 지적대로 망상이거나 광기일 뿐이다. 근거 없는 믿음은 미신이며, 알고도 그렇게 주장한다면 사기 범죄이다. 그런 종교라면 인민의 아편을 넘어 무지의 깊은 덫이 아닐 수 없다.

이 책에 실린 종교 외에도 더 많은 종교들이 한국에서 시작됐다. 더러는 사라졌고 어떤 종교는 지금도 성장하고 있다. 모든 종교를 다룰 수 있었으면 좋았겠지만 이 책의 원고는 본디 주간경향의 기획기사로 연재했던 것이라 지면과 연재 기간의 한계가 있었다.

기획 당시의 의도는 종교를 만든 이의 삶을 중심으로 그 종교의 경전과 가르침, 이후의 발전과정과 우리 사회에 미친 영향을 취재하여 전달하려는 것이다. 사회 각 분야에 종교는 큰 영향을 미치고 있으나 근현대 창종 된 신종교는 비신자들과 일반 대중에게 알려질 기회가 거의 없었다.

이 책은 각 종교가 주장하는 바를 정당화하는 내용도 아니거니와 그럴 의도도 없다. 글쓴이는 깊은 종교철학적 탐구를 담을 능력도 없음을 인정한다. 여러 증언들과 증거, 기존 연구 성과와 관점, 기록과 문헌 등을 통해 종교를 그 종교의 밖에서 객관적으로 기술하려했다. 그러나 그것은 바람일 뿐 능력이 부족하여 달을 잘못 가리키는 굽은 손가락이 되지 않았을까 걱정이 깊다. 다만 이 책을 통해 한국의 신종교를 알고 싶어 하고 인간 영혼의 다른 면을 살펴보고자 하는 이들이 작은 실마리라도 찾게 되기를 머리 숙여 기대한다.

시대를 이끈 창종자

1판 1쇄 펴낸날 2014년 7월 31일

지은이 김천
펴낸이 이규만

펴낸곳 참글세상
출판등록 2009년 3월 11일(제300-2009-24호)
주소 서울시 종로구 인사동 7길 12 백상빌딩 1305호
전화 (02) 730-2500
팩스 (02) 723-5961
e-mail kyoon1003@hanmail.net

ⓒ 김천, 2014

ISBN 978-89-94781-23-5 03910